JugendZeit

Zehn Jahre Erfahrung mit dem
Arbeitskonzept JugendZeit-Haus

Renate Steinsberger

Dieses Buch konnte nur entstehen
durch die freundliche Unterstützung
der MarthashofenStiftung,
der Jugendsozialstiftung der Familie Dr. Bernd und Arnhild Rieder,
der Bürgerstiftung für den Landkreis Fürstenfeldbruck und
des Lions Clubs Fürstenfeldbruck.

Für Euch

© 2014 Renate Steinsberger

Grafik und Textcoachng: Petra Dietrich
Verlag: tredition GmbH, Hamburg

ISBN Paperback: 978-3-8495-8238-8
ISBN Hardcover: 978-3-8495-8239-5
ISBN e-Book: 978-3-8495-8240-1

Bibliografische Information der Deutschen Nationalbibliothek:
Die Deutsche Nationalbibliothek verzeichnet diese Publikation in der Deutschen Nationalbibliografie; detaillierte bibliografische Daten sind im Internet über http://dnb.d-nb.de abrufbar.

Inhalt

Am Kompetenzjahr im JugendZeit-Haus haben in jedem Jahr sowohl junge Frauen als auch junge Männer teilgenommen. Wenn wir von 'dem' Jugendlichen im Allgemeinen und von 'den Jugendlichen' in der Mehrzahl schreiben sind also immer junge Menschen beiderlei Geschlechts gemeint.

Zu diesem Buch

Josef, der als Praktikant mit uns arbeitete, hat es auf den Punkt gebracht: Als Jugendlicher fragt man, wie man denn lebt.

Dieses Buch handelt von dem Bestreben, jungen Menschen die Beantwortung dieser Frage zu ermöglichen. Zehn Jahre sind wir diesem Bestreben gefolgt, immer mit den eigenen Fragen arbeitend, interessiert, gespannt, fasziniert:

WIE geht das, mit Jugendlichen zu arbeiten?

WIE können wir diese Menschen, die so beweglich und so offensichtlich mitten in ihrem Entwicklungsprozess stehen, unterstützen?

WIE gerade diejenigen, denen in diesem Prozess Verunsicherung, Schmerz und große Stolpersteine begegnet sind?

WIE können die jungen Menschen, die keine Lehrstelle bekommen oder die eine Ausbildung abgebrochen haben, junge Menschen mit Lernbeeinträchtigungen, Migrationshintergrund oder sozialen Benachteiligungen 'Leben lernen'?

Diese Dokumentation ist für alle Menschen geschrieben, die genau diese Fragen spannend finden. Dieses Buch ist für Menschen, die selbst engagiert und immer wieder fragend mit Jugendlichen arbeiten. Es beschreibt Entwicklung, Erprobung und Erfolg einer Arbeitsweise, die in vielerlei Hinsicht neu ist. Es zeigt gleichzeitig Spuren der Entwicklungswege vieler junger Menschen - es waren in zehn Jahren mehr als neunzig - die jeweils ein Jahr im JugendZeit-Haus mit uns gelebt und gelernt haben. Heute, nach zehn Jahren Erfahrung mit dem JugendZeit-Haus, schreibe ich unsere Entdeckungen und Beobachtungen aus der Zusammenarbeit mit den jungen Menschen vor dem Hintergrund unseres Arbeitskonzepts auf. Wir möchten, dass unsere Erfahrungen Früchte tragen, dass sie Mut machen, Spaß an der Arbeit ermöglichen und Perspektiven aufzeigen für diejenigen, deren Herz für die Jugendarbeit schlägt.

Vielleicht kann es hilfreich sein für Eltern, Pädagogen, Lehrer und sozial Arbeitende. Vielleicht kann es aus der Enge eines erlebten Konflikts helfen und neue, zusätzliche Perspektiven eröffnen auf den einzelnen Jugendlichen in seinem Prozess des Lebenlernens.

Im Anhang finden sich Originaltexte unserer Konzepte und Arbeitsunterlagen als praktische Unterstützung für Menschen, die Ähnliches planen und beginnen.

Mit Jugendlichen zu arbeiten ist eine Herzensentscheidung

So deutlich der Impuls auch war - wir brauchten Jahre des eigenen Wachsens und Lernens als Vorbereitung

Mein Wunsch, mit Jugendlichen zu arbeiten, meldete sich das erste Mal, als ich 1995 aus dem Küchenfenster schaute. Das Fenster gehörte zu einem Wohnheim mit Förderstätte für Menschen mit Behinderungen, damals Lebens- bzw. Arbeitsplatz für zwei Pädagogen, einige engagierte Eltern, mich und meinen Sohn. Hier lebten und arbeiteten wir, organisiert als Verein, mit geistig und mehrfach behinderten Menschen.

Der Anstoß, eine weitere Ausbildung zu beginnen - darüber sinnierte ich, während ich aus dem Fenster schaute - kam von den Beamten des Bezirks Oberbayern, die in unserem Wohnheim die Pflegesätze verhandelten: Eine Ausbildung zur Erzieherin sei Bedingung dafür, dass unsere Einrichtung weiterhin gefördert würde. Gut, ich werde eine Ausbildung zur Erzieherin machen.

Während dieser Überlegungen hatte ich vor meinem inneren Auge die Zivildienstleistenden und Praktikanten, die ich während der Arbeit im Wohnheim an meiner Seite haben durfte - wunderbare, junge Menschen. Ich liebte sie alle und ihre Entwicklung lag mir ebenso am Herzen wie die meines Sohnes und die der Betreuten. Da war meine Entscheidung klar: Ich möchte, ich werde mit Jugendlichen arbeiten. Ich entschied mich für die Ausbildung zur Erzieherin mit dem Schwerpunkt Jugenderziehung.

Einige Jahre vergingen. Ich war inzwischen Erzieherin, als eines Abends mein Mann, auch ein Pädagoge, einen Flyer der Off-Road-Kids mitbrachte. Ich betrachtete die Fotos, die obdachlose Jugendliche von ihrer Umgebung gemacht hatten, las die Einladung zur

Ausstellung und den Spendenaufruf. Da war die Erinnerung an meinen Wunsch und meinen Plan, da war der Impuls: Wir werden selbst ein Projekt für Jugendliche machen. Ein Projekt in einer Form, mit Angeboten und inhaltlicher Arbeit, die es noch nicht gibt.

Uns war klar, dass wir einschlägige Erfahrungen sammeln mussten. Das gingen wir ohne zu zögern an. Mein Mann bildete sich fort und wir wurden Fachpflegestelle für Jugendliche, so dass wir zwei Pflegekinder zu Hause hatten. Bald darauf wurde ich Konfliktlösungs-Trainerin für gewalttätige Jugendliche und trat eine Stelle in einem Wohnheim für unbegleitete minderjährige Flüchtlinge an, später gab ich Wochenendkurse in einer Jugendstrafanstalt und betreute straffällige Jungs. Es war eine sehr intensive, lehrreiche Zeit.

Eine unserer Pflegetöchter hatte einen jungen Mann aus Angola zum Freund, dessen Berufswunsch Fliesenleger war. Nachdem alle seine Bewerbungen abgelehnt worden waren hatte er aufgehört, sich Hoffnungen auf eine Lehrstelle zu machen. Angesichts seines Schicksals begannen wir, uns zusätzlich mit dem Thema Jugendarbeitslosigkeit auseinander zu setzen. Das war der Beginn der Recherche für unser zukünftiges Projekt.

Von der Idee zum Konzept

Kompetenzen für die Zukunft: Zeitgemäße Orientierungshilfen für junge Menschen

Im Frühjahr 2004 war die Anzahl der arbeitslosen Jugendlichen im Alter zwischen fünfzehn und vierundzwanzig Jahren enorm hoch und stieg weiter an. Eine Verbesserung der Situation sei nicht in Sicht, sagten die Medien. Und es wurde wirklich nicht besser. Es wurde erst einmal noch viel schlechter.

In einer Zeit, in der von der Deckelung der Sozialausgaben die Rede war, erschien unsere Idee, etwas Neues zu gründen, mutig. Und unsere Idee war anspruchsvoll und umfassend: Alles, was jugendliche Menschen, die ihre Orientierung verloren haben, brauchen, würde unter einem Dach sein: Beratung, Begleitung, Bezüglichkeit und Ansprache, Unterstützung bei der Berufsfindung, dem Gang zum Arzt, Schulunterricht und Lehrer, Begleitung im Praktikum.

Alle Angebote würden zeitgemäß sein - das heißt nicht statisch, sondern bereit, sich zu entwickeln und sich mit der Zeit, mit den Erfahrungen und Anforderungen, zu wandeln. Jeder, der mitarbeiten würde, bliebe selbst beweglich und fragt und prüft immer wieder, ob Angebot, Beziehungen, Rahmen und Inhalte passen. Dieses Projekt ins Leben zu bringen war uns ein Herzensanliegen.

Wir schrieben das Konzept. Die Kostenaufstellung dazu machte mein Mann, dessen betriebswirtschaftliches Wissen ungemein nützlich war. Das Projekt Kompetenzen für die Zukunft - arbeitsweltbezogene Jugendhilfe - begann im September 2004. Im Anhang befindet sich der Text des ersten Arbeitskonzeptes, das im Laufe der Jahre inhaltlich weiter entwickelt und fortgeschrieben wurde.

Wir hatten natürlich im Kontakt mit potenziellen staatlichen und kommunalen Kooperationspartnern und bei der Suche nach Förderern und Unterstützern mit Hürden, Widerständen und Verwicklungen auf allen Ebenen gerechnet - und die gab es auch!

Ein neues Gesetz, das Geld für berufsvorbereitende Maßnahmen von Seiten der Arbeitsämter versprach, war verabschiedet worden. Das Amt, das wir daraufhin ansprachen, beschied uns in etwa so: „Wenn die in Berlin so etwas beschließen, dann sollen sies auch zahlen. Wir haben kein Geld dafür."

„Alle Anträge müssen vor Projektbeginn eingegangen sein und bewilligt werden!" Das Projekt ist und bleibt doch dasselbe ... Gibt es keine Ausnahme? „Nein!" - Wir hatten jedoch bereits begonnen, obwohl wir für Teile unserer Finanzierung noch auf der Suche nach Geldgebern waren. Die ersten Jugendlichen freuten sich schon über ihre Chance. Und dann - kam ein Herr von einer Stiftung zu uns, sprach mit uns, hört zu, schaute sich um und war danach überzeugt. Wir hatten die Finanzlücke geschlossen.

Die zentrale, wirklich große Herausfoderung für uns war es, den vielen Hürden in der passenden Art und Weise zu begegnen. Es ist uns immer wieder gelungen, geduldig und liebevoll mit der Idee und mit uns selbst umzugehen und in allen Situationen den nächsten Schritt für unser Projekt zu finden.

Mut braucht es, um den 'normalen' Antragsweg durch die Instanzen und Ämter zu verlassen, der Idee treu zu bleiben und direkt die Verantwortungsträger, auch in einer politisch höheren Ebene, anzusprechen. Es lohnt sich.

Unsere Grundsätze und das Geld

Der ungeregelte Gestaltungsraum

Auf der Suche nach Budgets, nach privaten, unternehmerischen, staatlichen und kommunalen Kooperationspartnern begegneten wir zunächst einer Vielzahl von Bedingungen und Reglementierungen. Ein paradoxer Zusammenhang wurde sichtbar: Im Falle einer Förderung würden wir nicht etwa Möglichkeiten gewinnen, sondern Möglichkeiten verlieren! Man stellte uns Bedingungen, deren Annahme bedeutet hätte, dass wir genau das, was wir finanzieren wollten, nicht tun konnten.

Um ein auf den Menschen bezogenes Arbeiten zu gestalten ist es wesentlich, unabhängig zu bleiben. Aus staatlichen Finanzierungsprogrammen waren Mittel zu bekommen, aber die Bedingungen für deren Verwendung war so eng, dass die Möglichkeiten, die Arbeit mit Jugendlichen prozessual und nah am Leben, nah am Bedürfnis und frei zu gestalten, sehr begrenzt waren.

Unser Konzept war neu, umfassend und an den tatsächlichen Bedürfnissen der jugendlichen Teilnehmer orientiert. Es war insofern unfertig, als es immer bereit war, Aufwände und Angebote zu verändern, sobald die Erfahrung es notwendig oder sinnvoll erscheinen ließ. Wir wollten auf keinen Fall durch die Auflagen eines Geldgebers in der inhaltlichen Arbeit bestimmt werden.

Die Freiheit, sich selbst Regeln zu geben und die eigene Arbeitsweise durch Erfahrungen zu entwickeln, wirkt natürlich nach innen. Sie wirkte (und wirkt) in uns, den Projektleitern. Sie wirkt in unserem Beziehungsgefüge mit den Teilnehmern - denn das, was es den Jugendlichen zu vermitteln galt, taten und erlebten wir selbst fortlaufend: Wir gingen Schritt für Schritt auf Neuland mit unserem Projekt. Wir gestalteten mit Freude und Spannung, mit Befürchtungen und Zweifeln und immer wieder mit Selbstvertauen die nächste Zukunft für das JugendZeit-Haus. Wir hatten keine sogenannte Sicherheit im Rücken, kein Abonnement auf Fördermittel und kein finanzielles Polster.

2004, als wir unser Projekt begannen, hatten wir nach vielen persönlichen Gesprächen die Zusage einer Anschubfinanzierung vom Landratsamt. Wir hatten von zwei verschiedenen Stiftungen Zuwendungen bekommen und später das Glück, dass das Landratsamt in den ersten Jahren Defizite übernahm. Wir wurden von ortsansässigen, kleineren Stiftungen unterstützt und hatten einige Unternehmenspatenschaften für einzelne Jugendliche bzw. für einzelne Plätze im Projekt. Erst ab dem dritten Jahr gab es eine feste Zusage von den Kostenträgern Landratsamt und Jobcenter - das waren bestimmte Beträge je Projektteilnehmer. Die Finanzierungszusagen wurden immer nur für ein Jahr gegeben. In jedem folgenden Jahr stellten wir unsere Anträge und berichteten über den Fortgang unserer Arbeit. Das JugendZeit-Haus hatte immer wieder eine positive Resonanz bei den Verantwortlichen und einmal sagte man uns, dass der Fortführung des Projekts ohne Gegenstimmen zugestimmt wurde.

Eine Aufstellung der Posten unseres anfänglichen Budgets befindet sich im Anhang.

Der tatsächliche Auftrag

Viel umfangreicher als gedacht

Während des ersten Projektjahres wurde uns, angesichts der Erlebnisse und Lebensgeschichten der teilnehmenden Jugendlichen, die Aufgabe, die sich uns stellte, erst richtig bewusst.

Keinem von uns war klar gewesen, wie viele Schüler die Hauptschule ohne Schulabschluss verließen. Wir hatten nicht gewusst, dass Schulen einzelnen Schülern nach der Erfüllung der neun Pflichtschuljahre die Teilnahme am Unterricht verweigern und diese Schüler an verschiedenen Landkreisschulen um Aufnahme nachsuchen müssen. Uns war nicht klar, dass manche Schüler nach neun Jahren Hauptschule weder Rechnen, Lesen noch Schreiben gelernt hatten. Wir ließen uns darüber belehren, dass Schüler über Wochen, Monate und sogar Jahre die Schule geschwänzt hatten oder bekifft die Schule besuchten und es keiner merkte, darüber, dass einzelne Schüler ausgeschlossen, provoziert, geschlagen wurden und niemand davon etwas mitbekam.

Die Liste könnte noch weiter geführt werden, doch wir möchten nicht unser Bildungssystem hinterfragen sondern einen Einblick geben in die Sachlage und die Zusammenhänge, aus denen die Jugendlichen zu uns kamen.

Unser zentrales Anliegen in der Arbeit war es, die Fähigkeit des Jugendlichen, etwas für sich im Leben zu gestalten, anzusprechen und zu fördern. Wie sehr diese Fähigkeit durch das soziale und familiäre Umfeld der Jugendlichen beeinflusst wurde, haben wir während des ersten Projektjahres erfahren. Viele Jugendliche erhielten von zu Hause weder Begleitung noch Unterstützung, lebten unter Umständen alleine in kleinen Wohnungen und waren mit dieser Lebenssituation überfordert. Andere waren von ihren Eltern einfach rausgeworfen, im schlimmsten Falle verprügelt und misshandelt worden.

Heimattränen

Die Heimat ist da wo man sich wohlfühlt
Da wo man Spaß haben kann
Einige haben keine Heimat

Sie leben auf Straßen und unter Brücken
Sie müssen sich durch das Leben schnorren
Ertrinken oft in Alkohol

Und ohne Heimat haben einige auch keine Freude am Leben
Der Vater ein Alkoholiker die Mutter eine Hure
Keiner da an dessen Schulter sie ruhen können
Sie sind auf sich allein gestellt

Und die Glücklichen mit einer Heimat
Betrauern sie: halten immer zusammen egal was passiert
Uns sie geben sich all die Liebe die man braucht

Verfasser: Anonym
Aufgabenstellung: Verwende in deinem Gedicht einen, mehrere oder alle der
                  folgenden Begriffe und Begriffsgruppen: Liebe - Tod - Kindheit
                  - Denken, Fühlen, Wollen - Heimat. Du darfst dabei den freien
                  Rhythmus oder eine der dir bekannten Reimformen verwenden.

Aus dieser Erkenntnis folgte, und dahingehend erweiterten wir nach und nach das Konzept, dass wir das Umfeld viel intensiver als gedacht in unsere Arbeit einbeziehen würden.

Die Orientierung im Alltag fiel allen Jugendlichen schwert. Interesse, Mut, Selbstvertrauen waren nur in kleinen Dosen für sie verfügbar. Die jungen Menschen erkannten keinen Wert in regelmäßiger, geschweige denn gesunder Ernährung. Nicht wenige von ihnen kannten die Gemüsesorten nicht und manch einer war erstaunt, dass Pommes Frites aus Kartoffeln hergestellt werden. Die Jugendlichen gingen nicht zum Arzt, zu groß waren die Befürchtungen aber auch aus dem Grund, weil sie die zehn Euro Gebühr nicht bezahlen konnten. Sie hatten große Angst vor offiziellen Gesprächen, weil sie sprachlich überfordert waren und die Zusammenhänge nicht verstanden.

Auch diese Liste könnte fortgesetzt werden, doch sie soll lediglich die Aufgabe deutlich machen, die uns durch die Lebenserfahrung und die Lebenswirklichkeit der Jugendlichen gestellt wurde. Mit den Erfahrungen aus dem ersten Projektjahr hatten wir den Auftrag tatsächlich verstanden:

Es ging nicht allein um ein Kennenlernen der Arbeitswelt, ein Auffrischen des Schulstoffs, das Legen einer Grundlage für Berufswahl und Berufsschulunterricht. Es ging um etwas Umfassenderes, Tiefgreifendes - um wirkliche Entwicklungshilfe.

... Meine Mutter kommt nach Hause. Hoffentlich kommt sie nicht zu mir. Sie geht in die Küche, Glück gehabt! Ich weiß nicht, ob ich wütend oder traurig sein soll. Ich bin doch eigentlich selber Schuld an allem, was mir passiert ist, oder nicht? Ja, ich bin auch das Kind meiner Eltern. Ihr einziges. Eine große Schwester hätte mir vielleicht gut getan, jemand, an dem ich mich orientieren kann. Aber nicht einmal ich bin ein Wunschkind gewesen, woher soll da die Schwester kommen. Ich kann nicht wirklich sagen, dass ich meinen Vater vermisse, oder er mir gefehlt hat. Ich kenne diesen Menschen ja kaum. Vielleicht könnte er mir sagen, wie es zu meiner Entstehung kam. Mit meiner Mutter will ich darüber nicht sprechen. Ich weiß auch nicht warum. Irgendwann werd' ich meinen Vater schon noch sehen. Dann, wenn ich etwas geschafft habe und ihm stolz in die Augen schauen kann, dann werde ich ihm sagen: Es geht auch ohne dich! Ich zieh die Vorhänge besser zu, der Regen deprimiert mich. Es ist Zeit, sich ein bißchen hinzulegen. Schlafen werde ich zwar so oder so nicht können, aber wenigstens für ein paar Momente in Ruhe nachdenken. Zwei Jahre Bewährung! Ich packs nicht. Ich hatte eigentlich eine schöne Kindheit. Klar, ich wurde von meiner Mutter erzogen und nicht von meinen Eltern. Aber das ist doch schon eine ganz normale Situation heute. Dass wir finanziell nicht gerade zu den höheren Kreisen in S. zählten ist klar, das hat mich aber nie gestört. Oder doch? Ich war noch nie ein sehr anspruchsvoller Mensch. Ich brauche nicht viel um mich am Leben erfreuen zu können. ... Natürlich konnte meine Mutter nicht mithalten, was die Geschenke anderer an ihre Kinder anging. Auch Ausflüge waren immer ein Problemfall. ... Ich glaube nicht, dass ich anders war als die anderen Kinder. Ich war nur in einer ganz anderen Situation, welche eben nicht nachzuvollziehen war, aber das lag ja nicht an mir. ...

Quelle: Felix Danke. Schicksalsmelodien - Interviews im JugendZeit-Haus. Grafrath 2006. Herausgegeben von der JugenZeit-Haus gGmbH.

Felix Danke war als Hospitant im JugendZeit-Haus tätig und unterrichtete später Sprache und Lyrik.

Die Jugendkrise aus unserem Blickwinkel

Alle Situationen, Aktionen und Reaktionen bilden den Entwicklungsprozess und ermöglichen den nächsten Schritt

Jeder Mensch steht, wenn die Kindheit allmählich zu Ende geht, vor einer gewaltigen Aufgabe. Teil dieser Aufgabe ist es, sich von den Eltern zu lösen. Doch vor allem, auch und gerade für diejenigen, die eine problematische Beziehung zu Eltern, Elternhaus, Zuhause haben, geht es darum, sich selbst und einen eigenen Weg zu finden.

Diesen Lebensabschnitt lebt und gestaltet jeder in seiner ganz eigenen, individuellen Art und Weise. Für alle von uns ist er mit einer Krise - einer Zeit voller Chancen und Risiken - verbunden. Es ist die Zeit, in der wir Veränderungen erleben, die uns über den Kopf zu wachsen scheinen.

Wurde im Kindesalter Zugehörigkeit empfunden angesichts von Eltern, Lehrern, Erziehern? Vermittelten diese Menschen Sicherheit? Die Jugend ist eine Zeit, in der aufbegehrt wird, auch und gerade gegen Bezugspersonen. Der Weg in die Selbständigkeit beinhaltet das Erleben von Unsicherheit und Heimatlosigkeit. Einige junge Menschen verlieren sich in dieser Zeit - sie sehen für sich weder in der Gegenwart noch in der Zukunft einen Platz.

Das Kompetenzjahr im JugendZeit-Haus war gedacht für Jugendliche, in deren Leben sich zusätzliche Krisenfaktoren eingestellt hatten, Jugendliche, die keine Lehrstelle bekommen oder eine Ausbildung abgebrochen hatten, junge Menschen mit Lernbeeinträchtigungen, Migrationshintergrund oder familiären oder sozialen Benachteiligungen, Jugendliche, die schwierige biografische Bedingungen erlebt hatten oder aktuell erlebten. Sie alle begegneten im JugendZeit-Haus der Haltung, dass sie nicht etwa an den Umständen gescheitert waren sondern dass sich ihnen in dieser Lebenssituation, nämlich gerade jetzt, eine Chance zur Entwicklung bietet. Es gibt zahlreiche Theorien und Einrichtungen die propagieren, durch vertragliche Organisation und entsprechende Anforderungen an das Verhalten von Jugendlichen einer Auseinandersetzung mit entstehenden Krisen aus dem Weg gehen zu können. Wir sind nicht der Ansicht, dass das möglich ist. Man kann Krisen übergehen oder ignorieren, sicherlich. Unser Anliegen und unsere Arbeit war und ist es, einen jungen Menschen in einer Krise nicht für diesen Umstand zu ver- oder zu beurteilen, sondern ihn darin zu unterstützen, mit seiner Situation umzugehen. Allein diese, für die meisten Jugendlichen unbekannte Qualität führt zur Auseinandersetzung mit der sich bietenden Chance.

Es ist richtig und wichtig, dass sich Menschen in diesem Alter in sich zurückziehen, sich abschließen, um einen Innenraum zu bilden, in dem sie zu sich selbst heranreifen können. Vielleicht stellen Punker auch aus diesem Grund ihre Stacheln auf, tragen Mädchen eine Maske aus Makeup, verschließen Jugendliche ihre Ohren mit kleinen Stöpseln?

Im täglichen Kontakt mit den Jugendlichen ist es für uns als Begleiter entscheidend, wach und aufmerksam zu sein und Signale wahrzunehmen, die darauf hindeuten, dass aktuell eine innere Krise erlebt wird. Die Jugendlichen selbst sind, was Schwierigkeiten, unangenehme Erlebnisse, Gefühle, Zweifel, Fragen betrifft, schüchtern und unsicher. Sie haben es schwer, Worte zu finden und alle hatten sie erlebt, dass ihren bisherigen Erfahrungen nach draußen in der Welt Menschen fehlten, die zuhören wollen. Sie gehen aufgrund ihrer Vorerfahrungen davon aus, dass ihnen sowieso keiner helfen will oder kann und dass sie allein klarkommen müssen.

Die Verwirrtheit, die Ziellosigkeit und die Orientierungslosigkeit der Jugendlichen haben wir als unbeschreiblich groß erlebt. Vor diesem Hintergrund haben uns die folgenden Fragen jeden Tag bei der Entwicklung und Erprobung von Methoden, Ideen, Unternehmungen, Interventionen begleitet:

> WAS macht das Auffinden eines heimatlichen Ortes,
> sei er in der Innenwelt oder in der Außenwelt zu finden,
> für Jugendliche so schwierig?

> WIE können wir Jugendliche dabei unterstützen,
> für sich selbst einen Platz zu finden?

Wir haben erfahren, dass drei Faktoren sowohl das Lebensgefühl der Jugendlichen als auch ihre Art und Weise, Erfahrungen zu verarbeiten ganz entscheidend prägen. Grundlegend für das Verstehen und Begleiten von jungen Menschen während der Jugendkrise ist es, diese Faktoren zu verstehen und mit ihnen umzugehen - als Begleiter, das heißt nicht korrigierend, sondern bezüglich.

Faktor eins: Die Intensität

Der erste dieser Faktoren ist die Intensität im Erleben, hervorgerufen durch die dem Kindesalter entwachsene Wahrnehmungsfähigkeit des Jugendlichen. Diese ist differenziert und genau geworden, so dass Begegnungen und Kontakte in allen Lebensbereichen des Jugendlichen auf eine intensive Art und Weise auf ihn einwirken. Fortwährend ist er damit beschäftigt, was Andere und er selbst in der Welt erleben. Immer macht er sich Gedanken darüber, wie andere ihn und wie er sich selbst wahrnimmt. Unzulänglichkeiten und Bewundernswertes fallen ihm deutlich ins Auge, schnell entstehen Meinungen und Einschätzungen in seinen Gedanken, es wird polarisiert, widerrufen, kommentiert, reagiert.

Die Fülle dieser Wahrnehmungen zu achten, sie auszuhalten, sie zu ordnen und zu bewerten ist eine Herausforderung für die Jugendlichen und für uns, ihre Begleiter.

Ermutigt durch den Kunstunterricht entstanden immer wieder Zeichnungen mit selbstgewählten Motiven. Dies ist eine davon.

Ohne das ständige Geschimpfe, ohne deutliche und abwertende Worte über 'Ossis' kannten wir M. gar nicht. Unsere wiederholten und behutsam vorgetragenen Angebote, eine andere Perspektive einzunehmen, ihre Meinung gar zu reflektieren, wurden von ihr überhört oder abgewehrt und beiseite gefegt. Unvermittelt stellt sie mir eines Tages diese Frage: Kann das sein, dass Ossis doch nicht so blöd sind? Was ich denn von denen hielte? Zum ersten Mal wurde die Antwort gehört: Diejenigen, die ich kenne, finde ich sehr nett. Im dritten Anlauf - sie hatte wiederholt ihre Bewertung der 'Ossis' thematisiert und allmählich hinterfragt - erzählt sie von ihrem neuen Freund. Mit dem gibt es ein großes Problem: Der ist ein 'Ossi'! Findest Du das schlimm? Die Beziehung hielt einige Jahre. Die Intensität war im Dafür- und im Dagegen-sein dieselbe.

Faktor zwei: Das Standhalten

Der zweite Faktor ist das Erleben des jungen Menschen, nicht standhalten zu können. Er trifft Entscheidungen, deren Tragweite er nicht erfassen kann und kämpft mit den Folgen. Er nimmt sich Dinge vor, die er dann doch nicht schafft. Er macht Versprechungen, die er nicht halten kann. Er sagt Termine und Erledigungen zu und es gelingt ihm nicht, sich zu organsieren. Mehr und mehr wird ihm klar, dass die Frage, wie man denn lebt, wirklich nicht einfach zu beantworten ist! Überforderung und Mutlosigkeit tauchen auf.

Die Erfahrung, nicht standhalten zu können, ist ein Entwicklungsschritt und keinesfalls ein Versagen. Für den Jugendlichen und für uns, die Begleiter, geht es darum, diese Erfahrungen als Lernchancen zu verstehen.

„Jetzt gebe ich richtig Gas. Ich pack den Quali, ich mach den Führerschein und geh am Wochenende arbeiten. In meiner Freizeit

Würdelos

Ich verstehe die Menschen nicht
Sie sind ehrlos und kalt
Die Menschenwürde verliert an Bedeutung
Aufzustehen und weiter zu kämpfen
Ist ein endloser Kampf

Aufrecht stehen war für alle ein Muss
Es ist merkwürdig zu was die Menschen fähig sind

Viele von ihnen stehen jetzt alleine
Und geistern planlos durch die Gegend

Es ist würdelos die Menschen so zu behandeln
Als seien sie nichts
Es ist zugleich erschreckend und unfassbar
Da wir alle gleich sind

Verfasser: A.
Aufgabenstellung: Nach dem Besuch der Gedenkstätte Dachau sammelten die
                   Jugendlichen Begriffe, die in einem Gedicht verwendet wurden.

unternehme ich ganz viel und dann zieh ich von zu Hause aus und mit meiner Freundin zusammen. Mit den Bewerbungen fange ich auch schon mal an." V., ein junger Mann, erzählt mit ebensoviel Druck wie Begeisterung von seinen Plänen.....bis es ans Handeln geht. Nein, es ist nicht so leicht einen Job zu finden. Und dann: Im Getränkemarkt zu stehen ist super anstrengend! Ganz von selbst fallen die Pläne in sich zusammen und V. spricht nicht mehr davon...

Faktor drei: Der Gefühlsansturm

Der dritte Faktor ist der mächtige Ansturm der Gefühle. Nach dem Eintritt der Pubertät ist die Empfindungswelt neu, anders, vielfältig, intensiv, eindrücklich. Besonders deutlich wird das natürlich, wenn es ums Sich-verlieben geht aber auch beim Empfinden von Gefühlen wie Neid, Hass, Begeisterung, Angst, Freude, Wut, Verzweiflung. Junge Menschen erleben eine Gefühlsachterbahn und manch einer versucht verzweifelt, nicht den Boden unter den Füßen zu verlieren. Es gilt, mit den Gefühlen umgehen zu lernen. Es gilt, und hier ist die Unterstützung der Begleiter gefragt, das Gefühlsleben zu achten und dabei unterscheiden zu lernen, was in der Gefühlswelt spielt und was in der Außenwelt geschieht.

Die beiden stehen in der Früh vor unserer Tür, aufgeregt, fast in Panik. Die Praktikumsstelle ist fort! Das ist schlimm, die schmeißen sie raus dort! Noch schlimmer, weil sie dann im Projekt nicht weiter teilnehmen können. Beide sind verzweifelt, voller Befürchtungen, nervös, gestresst, ratlos. Es dauerte eine Weile bis klar wird, dass tatsächlich - gar nichts passiert war! Sie waren einfach zu spät dran, wären zum Arbeitsbeginn nicht pünktlich vor Ort gewesen und hatten sich derart in ihre Befürchtungen hinein gesteigert dass sie sich in dem, was sie für Tatsachen hielten, verirrt hatten. Eine Entschuldigung für die Verspätung reichte, um den Arbeitstag im Praktikum verspätet, aber doch zu beginnen.

... Mal wieder mit einem schweren Kopf aufgewacht. Eine einfache Pritsche ohne Matratze und eine leichte Decke. Grelles Licht, viel zu hell um schlafen zu können, zumindest wenn man nüchtern ist, aber dann landet man auch nicht in der Ausnüchterungszelle. Ich werde entlassen. Vielleicht kennt mich der Bulle schon, er lächelt mich so mitleidig und wissend an, als ich hinausgehe. Zuhause muss ich mich duschen und danach steht ein Gespräch mit meinem Bewährungshelfer an. Er hat mal wieder was gefunden, woran ich teilnehmen soll, vielleicht ist es diesmal etwas, womit ich was anfangen kann. Ich weiß nicht, ob ich das hoffe. Aber so wie jetzt kann es auch nicht ewig weitergehen. Bei einer Tasse Kaffee erzählt er mir dann von einem Projekt, das Jugendlichen, die keine Arbeit und keinen Abschluss haben, noch eine Chance bietet. Klingt gar nicht so übel. Jetzt will ich aber erst noch in mein Bett und mich ausschlafen. Was gestern Nacht alles passiert ist, weiß ich nicht mehr. Es war auf jeden Fall nicht sonderlich schlimm. Vermutlich nur im Rinnstein eingeschlafen und von einer Streife in die Zelle gebracht. Kein neuer Ärger mehr, immerhin. Während ich schon eindöse, stelle ich mir vor, wie mein Leben aussehen könnte mit einem guten Job und ohne diese absolute Ausweglosigkeit, in der ich mich jetzt befinde. Mache ich eben das Projektjahr, auch wenn ich nicht so ganz davon überzeugt bin, dass mich so etwas wirklich weiterbringt. Ein Hauptschulabschluss wird heute auch nicht gerade mit Gold aufgewogen. Was ich arbeiten will weiß ich obendrein auch nicht. Nichtsdestotrotz: Es ist ein Jahr, während dem ich nicht auf der Straße bin. ...

Quelle: Felix Danke. Schicksalsmelodien - Interviews im JugendZeit-Haus. Grafrath 2006. Herausgegeben von der JugenZeit-Haus gGmbH.

Felix Danke war als Hospitant im JugendZeit-Haus tätig und unterrichtete später Sprache und Lyrik.

Der Weg ins JugendZeit-Haus

Wer ins JugendZeit-Haus kommt, hat bereits einschlägige Erfahrungen mit Behörden, Beratungen, Hilfsprogrammen und Förderprojekten gemacht. Durch Fachstellen, Eltern oder Freunde wurde er aufmerksam auf das JugendZeit-Haus und kommt eines Tages zu einem ersten Gespräch zu uns.

Wir hatten keine Wartelisten und keine verbindlichen Zuweiser. Wir hatten kein Anmelde- und Aufnahmeverfahren und begannen somit jedes Jahr von Neuem mit Spannung und Selbstvertrauen. Jeden Jugendlichen, der sich für das JugendZeit-Haus entschieden hatte, nahmen wir direkt auf.

Manchmal war es notwendig Brücken zu bauen, damit ein Jugendlicher persönliche Bedenken überwindet und tatsächlich zum ersten Gespräch kommt. Im Gespräch allerdings machten wir sehr klar, dass es um die eigene Bereitschaft geht, sich zu entwickeln und zu lernen. Wir nahmen die Jugendlichen auf, ohne Bedingungen zu stellen. Bei Drogen allerdings hatten und haben wir eine sehr konsequente Haltung: „Entscheide Dich, nicht mehr zu kiffen, dann bist Du hier willkommen." Die Entscheidung: Kompetenzjahr, ja oder nein, fällte jeder Jugendliche selbst.

Seine Entscheidung persönlich mitzuteilen - nicht etwa vermittelt durch Eltern oder Betreuer - gehörte zum Aufnahmeprozess.

Darauf folgte ein Vertragsabschluss (der Vertrag befindet sich im Anhang). Der Jugendliche verpflichtete sich durch seine Unterschrift zur Arbeit im Praktikum, zur Teilnahme am Unterricht und zur Einhaltung bestimmter Regeln und Verfahrensweisen.

Aufgabenstellung: Teile das Blatt in zwei Bereiche und lasse durch das Zeichnen von Linien und Formen eine Struktur entstehen. Probiere, wie Räumlichkeit durch Linienüberschneidungen entsteht. Aus den einzelnen Bildteilen wird ein Ganzes.

Das Kompetenzjahr im JugendZeit-Haus

Jahresrhythmus und Lebensrhythmus

Wir sind gewiss, dass Rhythmus für das Leben eines Menschen von entscheidender Bedeutung ist. Fortwährend erleben wir Rhythmen: Im Wechsel der Jahreszeiten, in unserem Tagesablauf, durch Ebbe und Flut, körperlich durch Atem und Blutkreislauf.

Wir organisieren die Tages- und Wochenpläne und alle begleitenden Aktivitäten so, dass das Leben der Jugendlichen Rhythmisierung erfährt. Entwicklung braucht die Verlässlichkeit des immer Wiederkehrenden. Unser Arbeitskonzept ist so gestaltet, dass alle Beteiligten die Spannungsbögen der verschiedenen Phasen - den rhythmischen Wechsel von Arbeit, Lernen, gemeinsamen Aktivitäten - im Verlauf eines Jahres erfahren.

Die Woche erhält ihren Rhythmus durch den Wechsel zwischen drei Tagen Praktikum und zwei Unterrichtstagen. Jeder Tag ist klar eingeteilt. An den Unterrichtstagen gibt es morgens einen Becher Tee, mittags ein warmes Essen. Freitags finden der gemeinsame Wochenrückblick und die Vorschau auf die Aktivitäten in der folgenden Woche statt.

Neben den regelmäßigen Abläufen innerhalb der Praktikumsstellen und Unterrichtstage nutzen wir die Anlässe als Rhythmusgeber, die in der Regel schon vorher das Leben der Jugendlichen mitgestaltet haben: Alle Geburtstage, auch die der Lehrer und Betreuer, werden zusammen gefeiert und wir feiern die Jahreszeitenfeste.

Unsere Unternehmungen stehen, genau wie die Thementage, in Beziehung zu den Jahreszeiten. Eine Bergwanderung und die Fahrt an den Rand der Alpen findet zum Beispiel im Spätsommer statt. Die Thementage Eisen und Metall folgen im Oktober, in dieser Zeit wird auch geschmiedet. Im November geht es um existentielle Themen, um Leben und Tod, im Dezember steht Künstlerisches im Vordergrund und im Frühjahr gehts mit den Aktivitäten, zu denen das Bogenschießen gehört, nach draußen an die Luft.

Entwicklung verläuft nicht gradlinig, sondern in Phasen - rhythmisch! Die fünf Phasen, die folgend beschrieben werden, zeigen den Prozess der Entwicklung auf. Wir verstehen die fünf Phasen nicht als starre Schablone sondern als Rahmen, in dem jeder Jugendliche in seiner einzigartigen Art und Weise wächst und sich entwickelt. Alle gestalten in und an diesen Phasen mit und durchleben sie mitsamt aller Variablen, die ein Mensch in sich trägt.

Phase eins:
Beziehung anregen, Lernen ermöglichen
- Mitte September bis Weihnachten

Für das Leben lernen. Es geht nicht allein um die Vermittlung von Wissen, das ein Bestehen der Prüfungen ermöglicht, sondern um die Vermittlung von Wissen, das ein Bestehen im Leben zulässt.

Ankommen, Beziehungen aufbauen, Vertrauen bilden, Lernen ermöglichen, Selbstwertgefühl stärken ... das alles haben wir im Hinterkopf und im Gefühl, wenn wir beginnen, mit den Jugendlichen gemeinsam zu arbeiten. Jede kleine, alltägliche Begegnung bietet Gelegenheit, Beziehung, Vertrauen zu gestalten und zu begleiten. Eine dieser Gelegenheiten ist das gemeinsame Kochen und Essen, das an den beiden Unterrichtstagen zum Tagesablauf gehört. Hier wird der soziale Umgang geübt - mit allem, was dazugehört: Fürsorge - eine Gruppe kocht jeweils für alle - Verweigerung, Kontakt, Konflikt.

Das Beziehungsgeflecht, das es zu wirken gilt, bezieht nicht nur die Pädagogen und Betreuer, sondern auch die Ansprechpartner in den Praktikumsstellen und, wenn möglich, die Eltern mit ein. Durch diese Beziehungen und vermittels der Haltung aller Beteiligten kann ein Jugendlicher seine Lernfähigkeit und seine Lernbereitschaft entwickeln und allmählich selbst beginnen zu gestalten. Eigeninitiative ist entscheidend für den Entwicklungsprozess, in Bezug auf die Praktikumsstelle und in Bezug auf das Lernen: Gedanken entwickeln und Zusammenhänge erkennen.

Während der gemeinsamen Aktivitäten haben wir mehr und mehr bemerkt, wie wenig die Jugendlichen von den Zusammenhängen in der Welt wussten und verstanden. Daraus haben wir zahlreiche Impulse für die Thementage erhalten.

Struktur der Phase eins

Praktikum: Montag bis Mittwoch
Unterricht: Donnerstag und Freitag
wöchentlich: kleines Team, Orga und Reflexion - wo steht jeder
                Jugendliche, welches Thema hat er, was braucht er?
monatlich: Gesamtteam

Praktikum: Vereinbarungen, Kennenlernen, Arbeitsstruktur
Unterricht: Sprache, Zahlenwelt
                Plastizieren, Bildhauerei, Zeichnen, Lyrik
                Trommeln und Kommunikation

Thementage: September: Berg - Fahrt auf einen Berg
                Oktober: Eisen - Besuch der Bergbauabteilung im
                Deutschen Museum, Schmieden
                November: Menschenwürde - Texte von Viktor
                Frankl, Besuch der KZ-Gedenkstätte Dachau,
                Gespräche und Zeichnen
                Dezember: Kunst - Museumsbesuch oder Besuch
                einer Konzertveranstaltung für Schüler

Weihnachten: Gemeinsame Weihnachtsfeier mit Raclette und
                Geschenken, z.B. Taschenrechner, Lineale, Zirkel
                und eine persönliche Kleinigkeit
Geburtstage: Wunschmittagessen mit Nachtisch,
                eine gestaltete Geburtstagskarte mit Bild und
                Spruch, die Happy Birthday - Spieluhr spielt

Lernen in der Welt der Arbeit

Zunächst steht natürlich die Begegnung mit den Anforderungen durch die Arbeit im Praktikum im Vordergrund. Den Jugendlichen ist es in der Regel unbekannt, regelmäßige Verpflichtungen zu haben. Ihnen ist unbekannt, dass sie, ihre Beteiligung, ihre Arbeit, gebraucht werden. Sich an diese Situation zu gewöhnen braucht für jeden einzelnen viel Zeit und aufgrund von Konflikten und Störfaktoren einen langen Atem - auch für die Begleiter.

Der Jugendliche übernimmt an seinem Praktikumsarbeitsplatz eigene Aufgaben, die er auf sich gestellt und, zumindest mit der Zeit, verantwortungsbewusst erledigt. Darüber hinaus ist er gefordert, sich mit Kollegen und Vorgesetzten auseinanderzusetzen. Natürlich braucht es Vorbereitung durch uns mit dem jeweiligen Arbeitgeber - die Rahmenbedingungen für eine Praktikumsstelle, so wie wir sie formuliert haben, sind im Anhang zu lesen.

Arbeiten in der Welt des Lernens

In der ersten Phase werden Grundlagen unterrichtet. In Geometrie, Algebra und Deutsch werden die elementarsten Dinge erarbeitet. Das geschieht nicht im Stil des aus der Schule bekannten Frontalunterrichts - der durchweg abgelehnt wird und mit negativen Erfahrungen überfrachtet ist - sondern es gilt Wege zu finden, um die Fähigkeiten des Einzelnen zu erkennen und anzusprechen.

Wieviele Gespräche wir brauchten, um zu erfahren, dass M. in der Geometrie nicht weiter kam, weil sie ganz sicher war, dass ein rechter Winkel immer rechts liegen müsse - und das, wohlgemerkt, nach neun Schuljahren! Und es brauchte Zeit, bis wir wussten, dass es sich lohnt, ganz losgelöst vom Prüfungsstoff das Rechnen mit dem japanischen Rechenschieber zu vermitteln.

Das Lernen der Jugendlichen wird nicht etwa vorrangig durch fehlende Intelligenz behindert, sondern wir beobachten eine Abstumpfung der Fähigkeit, sich zu interessieren und sich daran zu begeistern, etwas verstanden zu haben.

Erst nach vielen Teamsitzungen und zahlreichen, gescheiterten Anläufen der Lehrer reifte die Erkenntnis, dass die klassische Vermittlung von Lernstoff, Schulstoff, in der Zeit von Phase eins schlichtweg nicht möglich war. Es gab kaum Lernerfolge und vor allem gelang es nie, durch landläufige Unterrichtsgestaltung das Interesse am Lernen und die Freude am Verstehen zu wecken. Für diese Aufgabe haben wir im Laufe der Zeit neue Formate und Verfahren entwickelt. Zu der entwickelten Arbeitweise gehört es, dass in jeder Unterrichtsstunde der Lehrer von einem Assistenten, einer zweiten Bezugsperson für die Jugendlichen, unterstützt wurde.

Es ist Mut erforderlich, um als Lehrer den Anspruch auf Stoffvermittlung abzulegen. Gebraucht wurde ein völlig neues Setting und wir begannen damit, indem wir die von den Jugendlichen ungeliebten Bezeichnungen und Fächereinteilungen änderten. Aus Geschichte - Sozialkunde - Erdkunde wurde 'Welt verstehen'. Aus Mathematik wurde die 'Zahlenwelt' und Deutsch wurde zu 'Sprache'. Natürlich brauchte es mehr als ein neues Etikett - es brauchte eine neue Vermittlungsform. So entstanden die Thementage.

Thementage

Während der Thementage geht es darum, den Jugendlichen Erlebnisse und sinnliche, tatsächliche Eindrücke von der Welt zu ermöglichen. An den Tagen steht die Stoffvermittlung hinten an. Die Thementage bestehen aus zwei Unterrichtstagen, die Vorbereitung der Tage nimmt zusätzlich Zeit in Anspruch. Am ersten Tag geht es ausschießlich ums Erleben - sehen, erfahren, sich bewegen, wahrnehmen. Am zweiten Tag werden Erlebnisse und Eindrücke auf verschiedene Art be- und verarbeitet und diese Arbeiten werden - als Ergebnis der eigenen Gestaltung und Auseinandersetzung - präsentiert. Für die Struktur dieser Unterrichtstage, die vielleicht treffender Entwicklungstage heißen könnten, haben wir uns Gedanken darüber gemacht, wie der Prozess des

Weltverstehens für einen Jugendlichen verläuft: Es braucht dazu Erfahrung, Reflexion und die Einsicht in Zusamenhänge. Davon ausgehend haben wir vier Zwei-Tages-Blöcke konzipiert, die sich an einfach erscheinenden Fragen orientieren: Was gibt es in der Welt zu sehen und zu erfahren? Wie entstehen die Dinge und wie sind sie beschaffen? Warum und wozu - gibt es einen Sinn des Ganzen? Wer gestaltet in der Welt, wie kann ich selbst als Mensch, der ich bin, wirksam sein?

An den Thementagen 'Was' - Was gibt es in der Welt zu sehen und zu erfahren? - machen Jugendliche, Lehrer und Betreuer eine Bergtour. Eine eindrückliche und anrührende Rückmeldung dazu war die Aussage eines Jugendlichen, er habe nicht gewusst, dass die Welt so schön ist. Die Erfahrungen werden sprachlich, künstlerisch und auch durch Rechenaufgaben für die Bildung der Fähigkeit der Jugendlichen, Lernen zu lernen, genutzt.

Einige Wochen darauf folgen die 'Wie' Thementage - Wie entstehen die Dinge und wie sind sie beschaffen? Das gemeinsame Schmieden, wo Jugendliche gemeinsam Metall bearbeiten und formen, gehört zu diesem Block.

Warum und wozu - gibt es einen Sinn des Ganzen? Wozu brauchen wir Menschen Werte, wozu Würde und Umgangskultur? Diese großen Fragen fordern im dritten Block der Thementage auf, eigene Antworten zu entwickeln. Der Besuch der Gedenkstätte Dachau schafft einen Rahmen dafür.

Den Abschluss bilden die Thementage, an denen es um Selbstwahrnehmung und Selbstwirksamkeit geht. Wer gestaltet in der Welt, wie kann ich selbst als Mensch, der ich bin, wirksam sein? Durch die gestalterischen und künstlerischen Angebote und Aufgaben erleben die Jugendlichen sich selbst als Individuen und Gestaltende. Die Thementage erwiesen sich als Erfolgsmodell und haben sich im JugendZeit-Haus fest etabliert.

Wanderung

Als erstes war ich in Grafrath
Mit meinem Rucksack

Mit Feuerzeug und Kippe
Bereit für die Bergklippe

Dort traf ich J.S. und die Schlüler
Der Wind wurde immer kühler

Auf dem Weg war eine Sparkasse
Da freute sich die Klasse

Als ich sah den Krankenwagen
War ich froh dass wir hier lagen

Hinauf ohne autoritäre Persönlichkeiten
Und auf zum Brotzeiten

Die alten Leute waren lahm
Genau wie die Seilbahn

Auf dem Weg sah ich Ziegen Schafe Schweine Kühe
Das kostete mich sehr viel Mühe

Verfasser: M.P.
Aufgabenstellung: Es wurden Begriffe an der Tafel gesammelt, die von der
                  Wanderung des Vortages in Erinnerung waren. Aufgabe war es,
                  möglichst viele dieser Begriffe in einem Gedicht zu verarbeiten.

Am Gipfelkreuz schien warm die Sonne
Das war eine wahre Wonne

Auf den Berg zu kommen war eine Schund
Außer für den Hund

Schön war die Tiefe zur Skipiste
Die ich so vermisste

Ich sah Kleider und Visagen
Von den Leuten im Campingwagen

In der Weite die Zugspitze weiß
Die Leute steckten ihre Wanderstöcke in Kuhscheiß

Das Ticket war sehr teuer
Das war mir ungeheuer

Ich sah Baum und Strauch
Die tote Maus natürlich auch

Mit der Gondel gings hinab
Denn uns wurd die Zeit zu knapp

Ich sah Wolken Nebel und einen See
Wie eine wunderschöne Fee

Das ist aber nur Äußeres
Wie die Gastronomie

Thementage Berg: Die ganze Gruppe, Schüler, Lehrer, Pädagogen bei der Brotzeit auf dem Wallberg.

Thementage Berg - Zahlenwelt

1)   Wo liegt der Wank geografisch von uns aus gesehen?

2)   Trage die Fahrstrecke in die Karte ein.

3)   Wie weit ist es vom Bahnhof bis zur Wankbahn?

4)   Wie lange sind wir gefahren?

5)   Was hatten wir demnach für eine
        Durchschnittsgeschwindigkeit?

6)   Der Wagen verbraucht etwa 9 Liter auf 100 Kilometer.
        Wie viel Benzin haben wir etwa für die Hin- und Rückfahrt
        verbraucht und wie teuer war das?

7)   Wie hoch liegt die Talstation der Wankbahn und wie hoch
        liegt die Bergstation?

8)   Welchen Höhenunterschied haben wir in der Seilbahn
        zurückgelegt?

9)   Worauf bezieht sich die Höhenangabe?

Thementage Berg: Aufgaben im Unterrichtsfach Zahlenwelt.

Taiko Trommeln: Es braucht einen festen Stand, Mut und Entschiedenheit.
Das Trommeln ermöglichte im JugendZeit-Haus eine
ungewöhnliche, wirklich neue Art der Kommunikation.

Trommeln und Kommunikation

Es ist nicht selbstverständlich, dass Jugendliche miteinander auskommen. Wir haben die Erfahrung gemacht, dass sie froh darüber sind, Hilfestellungen zu bekommen. Als eine echte Hilfestellung stellte sich das Taiko-Trommeln heraus.

Donnerstagnachmittags haben wir also gemeinsam getrommelt und anschließend 'kommuniziert'. Das Trommeln war dazu Vorbereitung und Übungsfeld.

Aus großen Plastikeimern und Tesaband bauten wir Trommeln. Wir übten die Grundtechniken: Einen festen Stand einnehmen, die Stockhaltung, die Schlagtechnik und einige japanische Worte, die im Zusammenhang mit der Trommeltechnik wichtig sind. Das Taiko-Trommeln erfordert Konzentration, Kraft, Ausdauer und Mut. Es braucht Überwindung, den Trommelstock von ganz oben mit voller Kraft auf die Trommel zu schlagen.

Durch die Echo-Übung - einer spielt etwas vor, die anderen spielen es nach - lernt man, aufeinander zu hören und den Anderen ausreden zu lassen. Verschiedene Elemente eines Stückes fügen sich, wenn man übt, für alle wahrnehmbar zu einem Ganzen, Rhythmen ergänzen sich, laufen zusammen, trennen sich, wiederholen sich und gemeinsam ließen wir etwas Tolles, Einmaliges entstehen.

Auf das Trommeln folgte eine Einheit 'Kommunikation'. Wir arbeiteten mit geläufigen Methoden wie Interviews, Lebenslinie, Ich-Botschaften. Das war die Vorbereitung für die regelmäßigen Gruppengespräche. Die wurden wichtig, als nach wenigen Wochen die ersten Konflikte auftraten. Einander ausreden lassen, sagen, was mich stört, was mir wichtig ist, was ich mir wünsche - das gelang den Jugendlichen nach dem Trommeln gut und alle profitierten, auch die Lehrer und Pädagogen.

Aufgabenstellung: Zeichne Eindrücke, die dir von unserer Tour auf den Berg geblieben sind.

Kunst und künstlerisches Tun

Der Unterricht beinhaltet viele künstlerische Elemente. Zeichnen und Malen, das Schreiben von Gedichten, Samba- und Taiko-Trommeln, Arbeit mit Holz, Speckstein und Ton. Künstlerisches Ausprobieren und Gestalten ist sehr fruchtbar. Der künstlerische Bereich ist der einzige, in dem die Jugendlichen nicht durch negative Erfahrungen vorbelastet sind, denn mit der von uns angebotenen Art des künstlerischen Gestaltens haben sie keine Vorerfahrungen.

Im künstlerischen Gestalten wird nie vorgegeben, was bei dem Gestaltungsprozess herauskommen soll und es erfolgt keine Benotung. Die Jugendlichen lernen im Gespräch über die eigenen und auch klassische Kunstwerke Kriterien zu entwickeln anstatt Meinungen abzugeben. Sie lernen wahrzunehmen und zu beschreiben - Hat das Bild Tiefe oder ist es flächig? - Wirkt es ausgebreitet oder zusammengezogen? - und entdecken damit eine Alternative zu der ihnen gewohnten und oft pauschal hingeworfenen Bewertung. Und während des gemeinsamen Arbeitens, zum Beispiel beim Schleifen eines Specksteins, entsteht eine entspannte, unangestrengte Stimmung, in der nicht selten offener miteinander gesprochen wird als wenn man sich am Esstisch gegenüber säße.

Diese Arbeit ermöglicht es den jungen Menschen, Selbstwirksamkeit und Selbstwert zu erfahren. In der künstlerische Arbeit sind sie aktiv, sie erleben sich als fähig - ich produziere etwas! - und gestaltend. So kann erlebt werden: Ich bin mehr als das, was mir meine bisherigen Erfahrungen und die Rückmeldungen der Gesellschaft suggerierten.

Vor dem Hintergrund dieser Erfahrungen - die durch die Arbeit in der kleinen Klassengruppe immer auch soziale Erfahrungen sind - fällt es allen leichter, im Fachunterricht Interesse zu entwickeln und den Mut zu haben, Fragen zu stellen.

Thementage Eisen: Das Schmieden schließt sich an den Besuch des Bergbau-
museums an. Glühendes Eisen zu bearbeiten ist für alle eine
intensive Erfahrung. In gemeinsamer Arbeit entsteht ein fertiger
Gegenstand aus Eisen.

Phase zwei:
Möglichkeiten entwickeln, Beziehung aufnehmen
- Jahresbeginn bis Ostern

Struktur der Phase zwei
Praktikum: Stabilisierung und selbständiges Arbeiten
Unterricht: Mathematik (Algebra und Geometrie)
               Deutsch
               GSE (Geschichte, Sozialkunde, Erdkunde)
               AWT (Arbeit, Wirtschaft, Technik)
                 mit Vorbereitung der Projektarbeit
               Kunst (Theorie und Praxis)
Kreativer Tanz
Berufsorientierung:
               Gespräche zur Berufsfindung
               Recherchen nach möglichen Ausbildungsplätzen,
                 und/oder Berufsfachschulen
               Besuch von Informationsveranstaltungen
               Bewerbungen schreiben, Vorstellungsgespräche
Halbjahresfeier
Nachhilfestunden im JugendZeit-Haus

Beziehungswelt - starke Krisen, große Chancen

In dieser Phase durchlebt jeder Teilnehmer eine persönliche Krise und auch für die Beziehungen in der Gruppe und deren Zusammenhalt ist Krisenzeit. Jeder Einzelne und das gesamte Gruppengefüge wird empfindlich - empfindlicher auch durch den allmählich auftauchenden Leistungsdruck, denn Hauptschulabschlussprüfung bzw. Quali rücken in Sichtweite. Teilweise fallen Jugendliche in alte Verhaltenweisen zurück, die man durch positive Erfahrungen und Entwicklungsschritte während der ersten Phase schon überwunden glaubte.

Man kann den Eindruck gewinnen, alles bisher Erreichte, alle Fortschritte, alles bis hierhin Ausgebildete sei hinfällig. Bis Weihnachten hatten alle sich deutlich spürbar entwickelt! Aus der Anfangszeit bekannte Verhaltensweisen der Jugendlichen kehren jetzt wieder - oft schlimmer, das heißt destruktiver, als zuvor. Alte Glaubenssätze über die Aussichtslosigkeit im Leben und negative Bemerkungen über Umstände und Menschen fallen in großer Zahl. Einzelne kapseln sich ab, sprechen nicht mehr mit uns, den Pädagogen und die Welt ist in ihren Augen einfach wieder scheiße.

Nicht wenige werden krank in dieser Zeit und die Gefahr, dass jemand abbricht, ist groß. Und das alles, obwohl es im November und im Dezember so ersichtlich war, dass sich Verhaltensweisen und Lernfähigkeit bei allen verändert und entwickelt hatten!

Eine Bewährungsprobe für das Klima des Vertrauens und die hergestellten Beziehungen beginnt - deren Tragfähigkeit wird nun auf die Probe gestellt. Im Auf-die-Probe stellen beweisen die Jugendlichen großes Geschick, ihre Provokationen und Verhaltensmuster im Unterricht sind treffend und herausfordernd.

> *O. boykottiert den Unterricht, an dem er im Dezember noch gern und aktiv teilgenommen hatte. Er stellt Fragen, die vom Thema ablenken oder beleidigt andere Jugendliche während des Unterrichts. Er steht, wie alle anderen auch, nun wieder allein und für sich am Bahnhof, während sie auf die Bahn warten. Und dann, nach einigen Wochen, taucht und taut er wieder auf, spricht uns an, beteiligt sich, erscheint im Unterricht. Weiter gehts.*

Persönliche Gespräche und Gruppengespräche sind an der Tagesordnung. Die Praxisanleiter in den Praktikumsstellen wenden sich öfter mit dem Anliegen eines Krisengesprächs an uns.

Wir antworten nicht mit Macht oder Sanktionen auf das Angebot von Seiten der Jugendlichen, Kräfte zu messen und Grenzen zu prüfen. Wir vermitteln und leben vor, dass die Regeln und Abläufe des Kompetenzjahres nach wie vor gelten. Unser Angebot zu Gesprächen ist bedingungslos. Wir zeigen, dass alle sich in jeder Hinsicht auf uns und die anderen Begleiter verlassen können. Diese Haltung, so scheint es uns, hilft den Jugendlichen, wieder Boden zu gewinnen. Gemeinsame Aktionen mit der gesamten Gruppe, an der immer die Betreuer, Lernhelfer, und nach Möglichkeit alle Lehrer teilnehmen, stärken das Wir-Gefühl.

Allmählich beginnen die Jugendlichen im JugendZeit-Haus, die gegebenen Regeln zu akzeptieren. Es wird möglich, über Ziele zu sprechen - Ziele zu formulieren. Bei der Arbeit am Praktikumsplatz stellt sich Gewöhnung ein und die Fähigkeit zu selbständiger Arbeit wächst. Durch das Erleben der eigenen Möglichkeiten entwickeln die Jugendlichen aus sich selbst heraus die Motivation, etwas zu tun.

Dieser Entwicklungsschritt macht es möglich und sinnvoll, an die Berufsorientierung heranzugehen. Gemeinsam mit denjenigen, die bereits einen Berufswunsch haben, werden jetzt schon erste Bewerbungen erarbeitet und abgeschickt.

Lernwelt - Lernen auch für die Schule

Die konkrete Vorbereitung auf die schulische Prüfung steht an. Diktate werden geschrieben, die erforderlichen Mathematikkenntnisse werden ausgebildet - jetzt geht es um den Stoff, der für die Prüfung vorgegeben ist. Sehr viele Schwierigkeiten tauchen auf.

Der Stoff, der beherrscht werden muss, erscheint für die Jugendlichen viel zu komplex und ein Hinausgehen über die reinen Wissensgrundlagen erscheint unmöglich. Erschwerend kommt dazu, dass viele Jugendliche große Angst haben, in der Prüfungssituation zu versagen. Das führt schon in einer lediglich simulierten

Kreativer Tanz: Zu tanzen erfordert etwas Mut, bringt immer viel Spaß und hebt das Selbstwertgefühl. Tanz als Kunstform zu vermitteln ist in unserem pädagogischen Verständnis wesentlich und leistet einen Beitrag zur ästhetischen Erziehung und zur kulturellen Bildung.

Prüfungs zum vollständigen Erliegen aller Tätigkeit. Hier wird eine Antwort auf die Frage gebraucht, wie es möglich ist, den Jugendlichen die Angst vor der Prüfung zu nehmen und wie der Stoff so vermittelt werden kann, dass ihn die Jugendlichen verstehen, verinnerlichen und in der Prüfung wiedergeben können.

Erneut standen wir vor einer Hürde, die neue Ideen, mehr Unterstützung, mehr Einsatz, mehr beteiligte Menschen brauchte. Wir haben ehrenamtlichen Lernhelfer geworben und gefunden. Diese trafen sich nachmittags mit einem Jugendlichen, um mit ihm zusammen die Themen des Unterrichts noch einmal zu erarbeiten. Diese persönliche Einzelzuwendung hat gewährleistet, dass die Jugendlichen lernen. Das Lernen ist ihnen, ganz auf sich allein gestellt, zu diesem Zeitpunkt noch nicht möglich.

Im Januar wird getanzt - Kreativer Tanz ist fester Bestandteil der Phase zwei. Das Tanzen ist eine für die Gruppe stärkende Aktion. Die Jugendlichen werden ermutigt, sich mit dem eigenen Körper zu beschäftigen und dessen Möglichkeiten zu erproben. Im Kreativen Tanz geht es darum, Bewegungen zu entwickeln und zu erforschen, vorgegebene Schritte oder Muster gibt es nicht. Kreativer Tanz ist für alle Jugendlichen geeignet, egal welche Körperstatur sie haben, wie beweglich oder sportlich sie sind und ob sie eine tänzerische Vorbildung oder Neigung haben.

Anfang Februar findet die Halbjahresfeier statt, ein wichtiger Zeitpunkt im Rhythmus des Kompetenzjahres. Die Jugendlichen erhalten eine Rückmeldung im Sinne eines Zwischenzeugnisses. Jeder Jugendliche bringt Eltern, Freunde, Geschwister zur Feier mit.

Allmählich realisieren die jungen Menschen, und das erleichtert sie, dass sie gemeinsam und mit vielfältiger Unterstützung von Seiten der Freunde und Kollegen durch die Stresssituationen im Zusammenhang mit der kommenden schulischen Abschlussprüfung gehen werden.

Ich bin ein Täter

Ich weiß was es bedeutet Macht über jemanden
auszuüben und Stärke zu beweisen
In dem ich andere gehänselt und sie niedergemacht habe
Oder sie sogar zusammenschlug
Das war im Prinzip ein Genuss weil ich dadurch
Anerkennung bekommen habe
Anderen Leuten wehzutun hat mir auch einen
Adrenalinkick verpasst
Und deshalb machte ich weiter
Ein schlechtes Gewissen hatte ich dabei nie

Ich habe Leute fertig gemacht indem ich die die ich nicht mochte
Abwertend angeschaut und sie auch so behandelt habe
Wenn mich aber jemand genauso behandelt hat
Wurde ich aggressiv
Und diese Aggression habe ich dann meistens auch raus gelassen
Warum ich aber Suizidgedanken hatte
Möchte ich nicht sagen und auch nicht darüber reden
„Es waren schlimme Zeiten!"

Verfasser: E.K.
Aufgabenstellung: Schreibe ein Gedicht aus der Perspektive eines Täters oder eines
                  Opfers.

Phase drei:
Stärke im Inneren, Mut zum Handeln
- April bis Juni

In Phase drei geht es darum, zu lernen, eigenständig im Leben zu agieren und eigene Interessen zu vertreten. Die Arbeit in den Praktikumsstellen ist inzwischen zur Routine geworden. Die Jugendlichen haben alle gelernt, selbständig zu arbeiten und sicher in ihrem Aufgabengebiet zu handeln.

Es gibt viele Kontakte mit der Außenwelt. Erste Besuche im Jobcenter - hier geht es um Infos über die angestrebte Berufsausbildung - werden vorbereitet und absolviert.

Wir haben erreicht, dass alle Jugendlichen aus dem JugendZeit-Haus an derselben Schule die Prüfung ablegen dürfen. Dort besuchen wir gemeinsam den Quali-Infoabend und die Schüler melden sich zur Prüfung an.

Arbeitswelt und Berufsorientierung

In dieser Zeit des Jahres kommen Praktikanten aus den umliegenden, kommunalen Schulen in einige der Einrichtungen und Unternehmen, in denen die Jugendlichen aus dem JugendZeit-Haus als Praktikanten arbeiten. Die Schulpraktikanten werden von den Jugendlichen eingelernt, zum Beispiel in einer Altenpflegeeinrichtung als Stationshelfer, in einer Gärtnerei als Zuarbeiter beim Pflanzen oder Sortieren usw.. Wer diese Chance hat, erlebt natürlich echten Erfolg und Zuwachs an Kraft und Selbstvertrauen. Nun ist man es selbst, der Anderen Wissen weitergibt!

Aus Herausforderungen, die anfangs scheinbar nicht zu meistern waren, werden Ziele, die der Jugendliche erreichen will. Lebens-

Bogenschießen: Eine ideale Verbindung von Körperlichkeit, Entspannung,
Konzentration und eine bereichernde, gemeinsame Erfahrung.

einstellung und Zukunftsperspektive wandeln sich. Die Grundeinstellung 'Irgendwie ist alles scheiße' der Welt und überhaupt allem gegenüber verändert sich jetzt merklich. Die Umwelt wird zu einem Gestaltungsraum mit vielen Möglichkeiten. Es wächst der Mut, den Herausforderungen entgegen zu gehen und sich dem Leben zu stellen. Damit ist es Zeit für die weitergehende Einführung in die Arbeitswelt. Vorstellungsgespräche werden geübt. Praktika, entsprechend dem gewünschten Berufsfeld, werden lanciert, Probearbeitstage in potenziellen Ausbildungsbetrieben ermöglicht.

Pauken und Bogenschießen

Die schulische Prüfung rückt näher. Jetzt geht es ums Pauken zur Prüfungsvorbereitung. Jeder Jugendliche bekommt eine intensive, persönliche Begleitung und jede mögliche Hilfestellung.

Sobald es das Wetter zulässt beginnen wir mit dem Bogenschießen. Wir haben damit eine wirklich gute Möglichkeit gefunden, die Jugendlichen mental auf die Prüfungen vorzubereiten. Bogenschießen wird von allen Jugendlichen sehr positiv erlebt, so dass eine Meditationsübung möglich wird, bei der nicht die Kraft, sondern Konzentration in Zusammenhang mit Körperbeherrschung gefordert ist - und gefördert wird! Unter Anleitung eines versierten Bogenschützen erfahren und erlernen die jungen Menschen etwas über innere Ruhe, Spannung und Entspannung, Atemtechnik und mentale Ausgeglichenheit.

Wie bei allen Aktivitäten sind auch beim Bogenschießen Betreuer, Pädagogen, Lernhelfer und Lehrer dabei. Alle Beteiligten rücken innerhalb dieser Erfahrung nah zusammen. Der Herausforderung, der anstehenden Prüfung, werden wir gemeinsam begegnen - das wird hier noch einmal konzentriert erlebbar!

Alle Teilnehmer am Kompetenzjahr haben eine spürbare Entwicklung auf der Persönlichkeitsebene gemacht. Das bedeutet allerdings nicht, dass ihre schulischen Leistungen sich in gleicher Weise gesteigert haben. Entwicklung braucht Zeit. Was die schulischen Leistungen betrifft, so ernten die Jugendlichen die Früchte erfahrungsgemäß erst in den Jahren nach ihrem Schulabschluss.

P. war ein Mädchen, das anfänglich im Fach Sprache nicht einen einzigen Satz formulieren konnte. Wir standen etwas hilflos davor. Die Diktate gelangen einigermaßen, aber selbst etwas zu formulieren schien unmöglich. Sie hat den Hauptschulabschluss dennoch geschafft und wurde an der Kinderpflegeschule angenommen. Im Kompetenzjahr hatte sie ein Praktikum im Kindergarten gemacht. Ein halbes Jahr später hörten wir wieder von ihr. Sie hatte sich an der Kinderpflegeschule eingelebt und berichtete uns, dass sie in allen Fächern Einser und Zweier schrieb.

Auch Y., der mit der Diagnose ADHS bei uns begann und nicht stillsitzen konnte, hatte ein völlig unleserliches Schriftbild. Mit sehr viel Zuspruch und Unterstützung gelang der Hauptschulabschluss. In Hessen schaffte er dann die Aufnahmeprüfung für die Berufsfachschule Metall und schrieb in Deutsch einen Zweier.

Die Erfahrung aus allen Jahrgängen zeigt, dass sich bis jetzt, zum Beginn der Prüfungsvorbereitungen, Freundschaften bzw. freundschaftliche Beziehungen zwischen den Beteiligten entwickelt haben. Aufgaben und Konflikte werden auf einer Vertrauensbasis angegangen, alle sprechen miteinander anstatt übereinander. Ein starkes Gemeinschaftsgefühl: Wir schaffen das! - ist wirklich tragfähig und die anstehenden Prüfungen und die Suche nach einer Lehrstelle verlieren durch dieses Wir den Schrecken.

Die Erfahrung dieser Gemeinschaft ist für die Jugendlichen, für alle Menschen, die sich verloren, ausgegrenzt, unverstanden und allein gefühlt haben, schlicht unbezahlbar.

Phase vier:
Die Prüfung absolvieren
- Juni und Juli

Die Herausforderung ist sehr konkret und es gilt sie zu meistern: Die Prüfung muss bestanden werden. Jetzt wird der Mut gebraucht, den sich jeder Jugendliche durch seinen Umgang und seine Auseinandersetzung mit den Aufgaben, Aktivitäten und Angeboten im Laufe des Kompetenzjahres im JugendZeit-Haus erworben hat. Jedem ist bewusst, dass diese Prüfung nicht die letzte, sondern eine von vielen kommenden Prüfungen ist. Das wesentliche Ziel für jeden der Jugendlichen ist es, im Berufsleben anzukommen.

Auch dies ist wesentlich: Jetzt wird etwas zu Ende gebracht. Das zu-Ende-bringen ist sehr wichtig für die jungen Menschen, denn genau das ist etwas, was sie nicht kannten. Viele von ihnen hatten die Schule abgebrochen und nichts Neues begonnen - und selbst wenn die Hauptschule mit einem Abschluss zu Ende ging, so war dies weniger eine erbrachte Leistung als vielmehr ein glücklicher Zufall.

Diese Lebenssituation, jetzt, in der vierten Phase, nämlich sich auf das Projekt eingelassen, ein ganzes Jahr lang teilgenommen und mitgewirkt zu haben und es nun gemeinsam zu beenden ist für alle Jugendlichen vollkommen neu. Hier findet eine wichtige und entscheidende Erfahrung statt, ganz egal welche Noten später auf dem Zeugnis stehen. Allein die Leistung, den ganzen Weg bis zu Ende gegangen zu sein, ist herausragend.

In den letzten Unterrichtsstunden gehen die Lehrer mit den Schülern die bevorstehende Prüfungssituationen gedanklich durch. Mit Zeit, Geduld und sehr individuell wird besprochen was zu tun ist, wenn man eine Aufgabe nicht versteht, wenn man die Lösung nicht weiß und vieles mehr. Wir besprechen sehr klar mit den Jugendlichen, wie sie vor und während der Prüfungstage auf sich achten können. Es klingt einfach, muss aber immer wiederholt werden: Wichtig ist es, genügend zu schlafen, regelmäßg zu essen und möglichen Auseinandersetzungen aus dem Weg zu gehen.

In der Regel probieren die Jugendlichen, den Quali zu bestehen. (Der Qualifizierende Hauptschulabschluss ist in Bayern eine besondere Leistungsfeststellung, der man sich freiwillig als zusätzliche Prüfung und als Nachweis überdurchschnittlicher Leistungen unterziehen kann.) Dessen Anforderungen sind sehr komplex und kommen den Anforderungen der Mittlere-Reife-Prüfung nahe, so dass diese Prüfung den Jugendlichen fast nie gelingt.

Alle erreichen den Hauptschulabschluss! Pluspunkte, die auch in der Hauptschul-Prüfung zählen können, erwerben viele durch die gute Vorbereitung einer Projektarbeit, in der sie mit viel Unterstützung im JugendZeit-Haus lernen, sich zu strukturieren.

Die Schüler werden von einem Pädagogen zur Prüfung begleitet. Der sorgt für Getränke und, im Fall des Falles, für den Ersatz von vergessenen Arbeitsmaterialien wie Geodreieck, Lineal oder Bleistift.

B. erschien nicht zur Prüfung. Endlich erreichte ich ihn auf seinem Handy - er saß in der Bahn, leider an einer ganz abgelegenen Station. Abends zuvor hatte er sich mit seinem alkoholkranken Vater heftig gestritten und war von Zuhause weggelaufen. Bei einem Freund konnte er in der Nacht nicht unterkommen, verbrachte die Zeit draußen und stieg früh in die Bahn, um zur Prüfung zu fahren. In der Bahn eingeschlafen fuhr er viel zu weit, da erreichte ihn dann mein Anruf. Wir haben ihn abgeholt und zur Schule gefahren und wir haben bewirkt, dass er die Prüfung doch noch schreiben durfte. Wir sind entschieden, ihnen so viel Support zu geben, wie es uns möglich ist.

Nach der Prüfung werden die Jugendlichen abgeholt und für alle Erfolgs- und Mißerfolgserlebnisse gibt es von Seiten der Betreuer, Lehrer, Pädagogen, Lernhelfer ein offenes Ohr - wenn gewünscht, bei einer kleinen Brotzeit im JugendZeit-Haus.

Für die Prüfungen wird der Jugendliche von der Praktikumstelle freigestellt. Die Kollegen dort spornen die Praktikanten an und sprechen ihnen Mut zu. Die Jugendlichen bekommen eine Menge guter Wünsche und Ratschläge mit auf den Weg und das tut ihnen richtig gut, es hilft ihnen, durchzuhalten.

Die Prüfungen werden in der Schule abgelegt, vor und mit Lehrern und Mitschülern, die den Teilnehmern des Kompetenzjahres natürlich unbekannt sind. In dieser Zeit wächst die Gruppe wirklich zusammen. So weit es uns möglich ist tragen wir dafür Sorge, dass Familie und Freunde während dieser Zeit unterstützend zur Verfügung stehen.

Innenschau

Diese Farben sind so hell
Da kommt Freude in mir auf ganz schnell
Gelb Rot Orange das sind die Sonnenfarben
Und das leichte Grün der Hoffnungssamen
Doch dann seh ich dieses Schwarze das weckt Narben
Voller Trauer Schmerz Wut und Hass
Das macht mein Gesicht ganz blass
Dieses dunkle graue Schwarz lässt mich nur erahnen
Wie die Hölle schmecken muss
Darum hoffe ich werde ich keine dumme Nuss und
Gutes tun
Und am Ende meines Lebens auf Wolken ruhn
Und so tun als wäre ich ein Engel
Aber jeder weiß ich bin ein kleiner Bengel
Mit ganz vielen Mängeln
Aber das macht mich aus
Somit start ich in die Welt hinaus
Wie eine kleine Maus

Verfasser: I.H.
Aufgabenstellung: Aus der Betrachtung eines Bildes von Gerhard Reisch war die
Aufgabe, in einem Gedicht zu beschreiben, welche Gefühle
das Bild weckt.

Phase fünf:
Abschied nehmen, Raum für Neues schaffen

Abschiednehmen ist ein schmerzlicher Prozess und den Jugendlichen fällt es schwer, mit der Situation und vor allem mit ihren Gefühlen umzugehen.

Zu den Kollegen in den Praktikumsstellen ist im Laufe des Kompetenzjahres eine Beziehung entstanden, nicht selten herzlich, immer wertschätzend. Nun geht es ums Abschiednehmen, von den Kollegen in den Betrieben, von den Kindern und Eltern im Kindergarten, den Menschen im Altenwohnheim, den Betreuten der Förderstätte für Menschen mit Behinderungen - sie alle wenden sich während des Abschiednehmens den Praktikanten zu. Die hatten durchaus 'Übung' darin, Situationen und Beziehungen abrupt abzubrechen - doch Abschied zu nehmen ist für sie eine Herausforderung.

Die verbleibenden Unterrichtstage im Juli verbringen wir mit gemeinsamen Unternehmungen, Ausflügen oder sogar einer kurzen Reise. Nicht immer nehmen alle Jugendlichen daran teil. Einzelne provozieren eine Art Abbruch, sind nur noch kurz angebunden und gehen Begegnungen aus dem Weg. Es ist für die meisten wirklich schwierig, die Beziehungen wahrzunehmen, den Schmerz und die Empfindungen der Abschiedssituation zu erleben und auszuhalten. Die Atmosphäre ist äußerlich entspannt, innerlich ist jeder mit dem kommenden Abschied beschäftigt.

Doch da ist auch Freude auf das, was vor ihnen liegt. Jeder Jugendliche weiß inzwischen, wie es im September für ihn weiter geht. Unterschiedliche Wege werden eingeschlagen: Der Besuch einer weiterführenden Schule oder einer Berufsfachschule, eine Ausbildung, eine Folgemaßnahme der Arbeitsagentur, ein Freiwilliges Soziales Jahr oder auch ein Platz in einer therapeutischen Einrichtung. Jeder hat das gefunden, was für ihn zu diesem Zeitpunkt das Richtige zu sein scheint.

Die Abschlussfeier

Am letzten Wochentag im Monat Juli findet die Abschlussfeier statt. Alle Beteiligten, auch diejenigen, die im Alltag nicht sichtbar sind und dennoch als private oder politische Förderer das Projekt maßgeblich tragen, versammeln sich. Die Botschaft: Jeder der Jugendlichen hat für sich selbst Großartiges geschafft. Dieser Weg und seine Errungenschaften für jeden Einzelnen leuchtet in der Abschlussfeier auf und erfährt Würdigung.

Die Jugendlichen sitzen natürlich in der ersten Reihe. Hinter ihnen befinden sich die Gäste: Eltern, Freunde, Lehrer, Wegbegleiter aus Jobcenter, Jugendhilfeeinrichtungen, Therapeuten, Repräsentanten der Bürgerstiftung, der Sparkasse, der MarthashofenStiftung, private Förderer, Leiter der einschlägigen Ämter wie dem Amt für Kultur, Soziales und Kommunalwesen, der Landrat oder seine Stellvertreterin.

Beim Ausklang der Feier mit Kaffee und Kuchen ergeben sich einfache, freundliche, menschliche und bereichernde Begegnungen und Gespräche zwischen allen Beteiligten. Nach der Abschlussfeier ist Urlaubszeit.

Im Sommer 2006 waren wir das erste Mal mit einer Gruppe Jugendlicher in Italien.

Weiter gehen ...

Es gibt keinen Stillstand, nur Wendepunkte.

Heute schaue ich aus dem Küchenfenster einer großen Wohn-
küche, die nun zehn Jahre lang jungen Menschen und uns Raum
gegeben hat zum Sprechen, Streiten, Kochen, Feiern und Wohl-
fühlen. Unser Wunsch, mit Jugendlichen zu arbeiten, ist in Erfüllung gegangen.

Als wir das JugendZeit-Haus gründeten waren wir, so empfinde
ich es, grade alt genug, um nicht zu nah dran an den Problemen
der Jugendlichen und jungen Erwachsenen zu sein. Wir waren
aber auch nicht sehr weit entfernt und so konnten wir gut mit-
fühlen, Verständnis haben und so manchen Blödsinn mitmachen.

In der Arbeit mit Jugendlichen erscheinen sowohl physisch als
auch seelisch große Herausforderungen. Wenn wir beim Themen-
tag Berg auf den Gipfel kletterten trugen wir Pädagogen die
schwersten Rucksäcke und während des ganzen Jahres trugen wir
innerlich, als Begleiter und Gegenüber für die Jugendlichen, die
seelischen Lasten mit. Dazu waren wir bereit und so gut darauf
vorbereitet, wie wir es vermochten. Wir haben uns jedes Jahr wieder von Neuem offen und ehrlich mit den Jugendlichen verbunden. Die ungeschriebene, unausgesprochene Vereinbarung war:
Wir sind für dich da, ganz gleich, was kommt.

In diesem Jahr, 2014, gibt es einen besonderen Abschied für alle
Beteiligten denn auch wir, mein Mann und ich, verabschieden uns
nach zehn Jahren vom JugendZeit-Haus. Wir haben viele für uns
wertvolle Erfahrungen gemacht und sehr viel in dieser Arbeit gelernt.

Das Konzept für Jugendliche, die keine Ausbildungsmöglichkeit
bekommen hatten oder keinen Schulabschluss machen konnten,

A. kochte uns ein Menü. Er konnte gut kochen und hatte Spaß daran, etwas für die anderen zu tun.

entstand vor dem Hintergrund der gesellschaftlichen und sozialen Gegebenheiten vor zehn Jahren. Inzwischen ändern sich diese Gegebenheiten. Daher braucht es heute vielleicht neue, andere Ideen und neue, andere Konzepte.

Wie können wir Jugendarbeit dynamisch und beweglich halten, damit wir auf das Lebensgefühl und den Bedarf der jungen Menschen antworten können? Hilft es, jede Idee durch die Mühlen der Wissenschaft zu schicken oder kommt sie dann zu spät in der Praxis an? Geht es zurzeit um Wissensvermittlung oder eher um die Fähigkeit, sich zu orientieren und Beziehung aufzunehmen?

Zehn Jahre JugendZeit-Haus haben gezeigt, dass etwas Gutes dabei herauskommt, wenn man den eigenen Wahrnehmungen, Empfindungen, Gedanken und Ideen vertraut. Diese Dokumentation sei Ihnen, liebe Leser, dazu eine Ermutigung.

Es kam vor, dass einer der Jugendlichen kein Dach mehr über dem Kopf hatte. Dann haben wir, so lange es nötig war, ein Zimmer ausgeräumt und ihn dort einquartiert. Hier spielt Jörg mit einem Jugendlichen in diesem Zimmer im JugendZeit-Haus Gitarre.

Wenn wir eine Möglichkeit dazu fanden, machten wir ein Kunstprojekt. Das Foto zeigt die Jugendlichen in der Arbeit am Projekt "Lotusblume" mit der japanischen Künstlerin Mizuho Matsunaga.

Danke

Für das Vertrauen der jungen Menschen, die uns ein Jahr lang - und oft darüber hinaus - als Begleiter und Berater an ihrem Leben teilhaben ließen, danke ich im Namen aller Tätigen im JugendZeit-Haus.

Ebenso großer Dank gilt den Praktikumsstellen, die sich dem Projekt angeschlossen haben und den Jugendlichen Gelegenheit gaben, Erfahrungen zu sammeln, die ihr zukünftiges berufliches Leben maßgeblich beeinflussen.

Danke an alle Menschen im nahen und weiteren Umkreis, die diese Arbeit über Jahre unterstützt haben und damit unser freies Arbeiten möglich machten. Zahlreiche Menschen haben uns begleitet, Fragen gestellt, Mut zugesprochen, gelobt, auf Fehler hingewiesen. Jede dieser Begegnungen war wertvoll und hilfreich.

Ein ganz spezieller Dank geht an Helma Dreher und Ditz Schroer, die uns anfangs ehrenamtlich und später als Mitarbeiter menschlich und fachlich tatkräftig unterstützt haben. Ein großes Dankeschön gilt unserem Sohn, der während der Gründungsphase mit uns im JugendZeit-Haus gewohnt und die Initiative mitgetragen und mitgestaltet hat. Zu guter Letzt bedanke ich mich bei Petra, die mir geholfen hat, aus den vielen Erfahrungen und Gedanken dieses kleine Buch zu machen.

www.jugendzeithaus.de

Kompetenzen für die Zukunft
Arbeitsweltbezogene Jugendhilfe

1. Die Idee

In Marthashofen, auf einem Gelände am östlichen Rand der Gemeinde Grafrath, sind mehrere gemeinnützige Einrichtungen mit sozialen, ökologischen oder künstlerischen Schwerpunkten tätig. Sie pflegen einen regelmäßigen Kontakt in der MarthashofenRunde um sich auszutauschen, Hilfen anzubieten oder gemeinsame Aufgaben zu entwickeln.

In Anbetracht der Ausbildungs- und Arbeitssituation von Jugendlichen und jungen Erwachsenen haben die Antragsteller (als gemeinnützige GmbH) ein Konzept aus den Erfahrungen und Ressourcen der Einrichtungen in Marthashofen und den Bedürfnissen der zu fördernden Jugendlichen entwickelt

In dem Projekt „Kompetenzen für die Zukunft - zeitgemäße Orientierungshilfen für junge Menschen" arbeiteten etwa acht Teilnehmer drei Tage pro Woche als Praktikanten in einer der Marthashofener Einrichtungen, an zwei Tagen erhalten sie Unterricht. Zusätzlich werden sie ein ganzes Jahr pädagogisch begleitet, erhalten Hilfestellungen bei der Berufsorientierung, Lehrstellensuche und Bewerbung. Mit dem Unterrichtsangebot werden die Teilnehmer, je nach Leistungsniveau, auf den erfolgreichen bzw. qualifizierenden Hauptschulabschluss vorbereitet. Intensive Elternarbeit und Seminare zur Suchtprävention und Berufsberatung gehören zum Arbeitskonzept.

2. Die Zielgruppe

Zielgruppe sind heranwachsende und junge Erwachsene, die keine Lehrstelle bekommen oder eine Ausbildung abgebrochen haben, benachteiligte junge Menschen mit Lernbeeinträchtigungen und/oder sozialen Benachteiligungen sowie Migranten und Migrantinnen.

3. Aufgaben und Ziele

Kompetenzen für die Zukunft bereitet junge Menschen durch Förderung und Entwicklung von Sach-, Sozial- und Selbstkompetenz auf die Eingliederung in die Arbeitswelt vor. Zur Kompetenzentwicklung orientieren wir uns an dem entwicklungspädagogischen Ansatz von Heinrich Roth:

Erlernen sacheinsichtigen Verhaltens
Entwicklung von Sachkompetenz und intellektueller Mündigkeit

- Schulische Bildung zur Verbesserung der bildungsmäßigen
  Vorraussetzungen zur Ausbildungsaufnahme
- Erwerb betrieblicher Erfahrungen und die Reflexion betrieblicher
  Realität
- Schreiben eines Berichtsheftes
- Einführung in den Umgang mit dem Computer und andere Medien,
  Medienkompetenz
- Förderung der Kommunikation

Erlernen sozialeinsichtigen Verhaltens und Handelns
Entwicklung von sozialkompetenter und sozialer Mündigkeit

- Stärkung der sozialen Kompetenz und Unterstützung bei der Bewältigung
  von Problemen in Einzel- und Gruppengesprächen anhand von konkreten
  Erfahrungen in der Arbeitswelt
- Entwicklung von Toleranz gegenüber den Werten und Einstellungen
  der Mitmenschen
- Anleitungen zur Gesprächsführung und Konfliktlösung

Erlernen werteinsichtigen Verhaltens und Handelns
Entwicklung von Selbstkompetenz und moralischer Mündigkeit

- Ausbildung von Selbstbewusstsein und Selbstvertrauen,
  Erkennen und Akzeptieren der eigenen Fähigkeiten und Schwächen
- Förderung der Kreativität
- Entwicklung von bewusstem Umgang mit der eigenen Gesundheit
- Suchtprävention
- Erweiterung des Berufswahlspektrums

- Förderung der Motivation zur Aufnahme einer Ausbildung
- Förderung und Einübung von Einstellungen und Fähigkeiten, die
  für eine erfolgreiche Bewältigung einer Ausbildung oder einer
  Arbeitnehmertätigkeit notwendig sind

4. Umsetzung

4.1. Praktikum

Die Teilnehmer arbeiten von Montag bis Mittwoch als Praktikanten.
Praktikumsstellenanbieter sind:
- Altenpflegeeinrichtung (Küche, Wäscherei, Stationshilfen)
- Kindergarten (Kindergartengruppe)
- Hausmeisterei (Gartenarbeit, Reparaturen)
- Naturkostladen (Verkauf)
- Gemeinde (Gemeindehelfer)

Die Interessenten durchlaufen das in der Einrichtung, bzw. Firma, übliche Ein-
stellungsverfahren und erhalten anschließend einen Arbeitsvertrag, in dem ein
monatliches Praktikumsentgelt im Rahmen eines Minijobs vereinbart wird.

Die Verantwortlichen Praxisanleiter der Praktikumsstellen streben an, im
Sinne der Idee des handlungsorientierten Lernens, die Praktikanten in einer
Lernumgebung, die sie als sinnvoll erfahren, dazu zu befähigen, selbständig
die sechs Schritte einer vollständigen beruflichen Handlung: Informieren,
Planen, Entscheiden, Ausführen, Kontrollieren, abschließendes Bewerten,
zu vollziehen.

4.2. Schulische Bildung

In Kleingruppen (ca. fünf Schüler) werden die Teilnehmer auf den erfolg-
reichen bzw. qualifizierenden Hauptschulabschluss vorbereitet. Der Unter-
richt findet am Donnerstag und Freitag im JugendZeit-Haus statt.
Schwerpunktfächer sind Mathematik und Deutsch. In den Fächern AWT
(Arbeit, Wirtschaft, Technik), GSE (Geschichte, Sozialkunde, Erdkunde),
Kunst und Sport werden die Grundlagen vermittelt, so können sich die
Schüler durch selbständiges Lernen auf die Prüfungen vorbereiten. Jeder
Schüler erhält zusätzliche Unterstützung von ehrenamtlichen Lernhelfern.
Die Teilnehmer finanzieren diese Schulungen mit, indem sie, angepasst an
ihre Einkünfte durch ihre Praktikumstätigkeit, Schulgeld bezahlen.

4.3. Seminare

Seminar Suchtprävention

Nach dem Vorbild der psychoedukativen Schulung, die die eigene Verantwortung zur emotionalen Selbstregulation verständlich macht, werden in Gruppenarbeit unter Begleitung eines Therapeuten folgende Themen bearbeitet:

- Verständnis von Ressourcen / Selbstbild
- Familie
- Partnerschaft und Sexualität

Seminar Bewerbung

Die Schüler erfahren:
- Wie eine Bewerbung zu schreiben ist.
- Welche Fehler unbedingt zu vermeiden sind.
- Wie sie gute Formulierungen finden.
- Wie sie sich bei einem Bewerbungsgespräch richtig verhalten.

4.4. Pädagogische Begleitung

Die Teilnehmer werden von zwei pädagogischen Fachkräften (weiblich und männlich) intensiv begleitet. Dabei wird zu Anfang ein besonderer Schwerpunkt auf den Beziehungsaufbau und das Gewinnen von gegenseitigem Vertrauen gesetzt. Deshalb wird gerade zu Beginn täglich Kontakt gehalten und bei auftretenden Schwierigkeiten sofort Hilfestellung angeboten und gegeben.

Alle Teilnehmer und die beiden Pädagogen treffen sich einmal wöchentlich zum Gruppengespräch. Nachdem organisatorische Fragen geklärt wurden, berichtet jeder Teilnehmer aus seiner Praktikumsstelle. Die betrieblichen Erfahrungen werden reflektiert. Auftretende Konflikte werden besprochen und anschließend gemeinsam nach realistischen, durchführbaren Lösungen gesucht.

Um die Gruppenbildung zu fördern und den Umgang miteinander zu vertiefen und zu gestalten, wird donnerstags und freitags im JugendZeit-Haus gemeinsam zu Mittag gegessen. Das Essen bereiten die Pädagogen vor, wodurch gesunde Ernährung wie selbstverständlich zum Thema wird. Unternehmungen, wie z.B. Tagesausflüge werden von den Teilnehmern möglichst selbst organisiert. Dabei müssen sie darauf achten, dass sich die Unternehmung auf den kulturellen, wissenschaftlichen oder sportlichen Bereich bezieht.

4.5. Elternarbeit

Wenn möglich wird zu den Eltern, Geschwistern und Freunden der Teilnehmer eine Beziehung aufgebaut, beruhend auf Vertrauen und gegenseitigem Respekt. So wird das Umfeld in die Zukunftsplanung eingebunden und bei Krisen kann beigestanden und geholfen werden.

4.6. Beruf

Bei der Berufsorientierung und –wahl, Lehrstellensuche, Bewerbung und Vorbreitung zum Vorstellungsgespräch werden die Teilnehmer von den Pädagogen das ganze Jahr über intensiv unterstützt. Dabei erfolgt eine enge Zusammenarbeit mit den Arbeits- und Lehrstellenvermittlungen im Landkreis.

5. Zeugnisse und Zertifikat

Am Ende des Jahres erhalten die Jugendlichen und jungen Erwachsenen ein Zeugnis über ihre schulischen Leistungen von der örtlichen Hauptschule, ein Zeugnis von der Praktikumsstelle, sowie ein Zertifikat über die gesamte Teilnahme.

Für ihre Bewerbungen erhalten die Teilnehmer Zwischenbeurteilungen über ihre schulischen Leistungen und ihren Einsatz in der Praktikumsstelle.

6. Zeitplanung

Das Jahr beginnt Mitte September und endet am 31.08. des Folgejahres. Die ersten drei Monate dienen der Orientierung, dem Kennenlernen der Abläufe und Regeln, Aufbau von Beziehungen und der Bewältigung erster Konflikte.

Danach beginnt die Vorbereitung auf den Schulabschluss, die berufliche Orientierung und das Hinführen zu selbständigem, verantwortungsvollem Handeln für sich selbst und für andere. Dies beinhaltet dann auch eine realistische Berufswahl und eine konsequente Lehrstellensuche.

Die Teilnehmer werden anschließend an das Kompetenzjahr für weitere sechs Monate schulisch und pädagogisch begleitet.

7. Nachbetreuung

Im Anschluss an das Kompetenzjahr werden die Teilnehmer weitere sechs Monate von den Pädagogen, Lehrern und ehrenamtlichen Helfern begleitet. Sie erhalten Nachhilfeunterricht, um sich in der Berufsschule einzugewöhnen.

Regelmäßige Gespräche über das neue Umfeld, die Aufgaben und auftretende Probleme helfen, im Berufsleben Sicherheit zu erwerben und ermöglichen situationsgerechtes Handeln bei Konflikten.

Mehrmals treffen sich alle „Ehemaligen" zum Gesprächs- und Informationsaustausch.

8. Organisationsstruktur

Die JugendZeit-Haus gGmbH ist Träger von „Kompetenzen für die Zukunft - Arbeitsweltbezogene Jugendhilfe Grafrath". Zwischen der Jugend-Zeit-Haus gGmbH, den Einrichtungen bzw. Betrieben und den Teilnehmern werden Vereinbarungen getroffen, die die Rechte und Pflichten regeln:

- Vereinbarung zwischen JugendZeit-Haus gGmbH und den Einrichtungen bzw. Betrieben über die zur Verfügung gestellten Praktikumsstellen und die Begleitung der Teilnehmer durch eine pädagogische Fachkraft.
- Vertrag zwischen der JugendZeit-Haus gGmbH und den Teilnehmern, in dem sich die Heranwachsenden und Jugendlichen verpflichten, über den vereinbarten Zeitraum an allen Maßnahmen teilzunehmen.
- Praktikumsvertrag zwischen den Einrichtungen, Betrieben und den Teilnehmern

9. Das Team

Die zu verantwortenden Aufgaben und die dafür notwendigen Qualifikationen sind:

Projektleitung
Aufgaben: Verantwortung für das gesamte Haus, inklusive Finanzierung. Kontakt zu Ämtern, Behörden und Schulen. Organisation des Qualifizierungsangebots; Sekretariatsaufgaben; Öffentlichkeitsarbeit. Qualifikation: Pädagogische Fachkraft mit Erfahrung in der Führung einer Pioniersituation, kaufmännisches Grundverständnis

Pädagogische Begleitung
Aufgaben: Beziehungsaufbau zu den Teilnehmern und ggf. zu deren Eltern; Begleitung der Teilnehmer in den Praktikumsstellen und im Unterricht; Berufsorientierung, Lehrstellensuche und Bewerbung; Nachbetreuung am Ausbildungsplatz
Qualifikation: pädagogische Fachkraft mit Erfahrung in der Jugendarbeit

Unterricht
Aufgaben: Vermittlung des Unterrichtsstoff zum Erreichen des qualifizierenden oder erfolgreichen Hauptschulabschlusses
Qualifikation: Erfahrung im Unterrichten und pädagogisches Grundverständnis

Seminare
Aufgaben: Durchführung von begleitenden Seminaren
Qualifikation: entsprechende fachliche Kenntnisse

Hauswirtschaft und Fahrdienst
Aufgaben: Einkaufen, Kochen, Raumpflege; kleinere Reparaturen; Fahrdienst
Qualifikation: Erfahrung in der Hauswirtschaft; pädagogisches Grundverständnis; Führerschein

Die Verantwortung für die Durchführung der gesamten Maßnahme Kompetenzen für die Zukunft liegt derzeit bei Renate und Jörg Steinsberger. Renate Steinsberger (Erzieherin, 1992 Gründung der Lebensgemeinschaft Johannes, eine Einrichtung für Menschen mit Behinderungen, Leitungstätigkeit bis 2000; 2 Jahre Projektleitung im Altenwerk Marthashofen; Ausbildung zur Konflikttrainerin bei Power for Peace mit anschließender Tätigkeit in Schulen und Strafvollzugsanstalten; Wechsel in die Jugendhilfeeinrichtung Piusheim; Gruppenleitung in einer Wohngruppe für unbegleitete minderjährige Flüchtlinge; von Dez. 2003 bis August 2004 tätig in der Straffälligenhilfe und U-haftvermeidung des gleichen Trägers) ist verantwortlich für die pädagogische Umsetzung.

Verantwortlich für die Geschäftsführung ist Jörg Steinsberger (Heilpädagoge, seit 10 Jahren tätig in der Verwaltung sozialer Einrichtungen; Buchhaltung und Controlling; seit acht Jahren Geschäftsführung mehrerer Vereine und einer gGmbH).

10. Finanzierung

Für das gesamte Angebot wurde ein detaillierter Kostenplan erstellt. Das Landratsamt sowie das Jugendamt tragen x Plätze. Weitere x Plätze werden von der ARGE bezahlt. Die darüber hinaus notwendigen Mittel werden über Stiftungen und Spenden abgedeckt, dazu sind Anträge gestellt. Zusätzlich wird angestrebt, dass Betriebe Patenschaften für einen Platz in der Maßnahme (evtl. auch halbe oder viertel Plätze) übernehmen.

11. Weiterentwicklung

Das Konzept wird von der JugendZeit-Haus gGmbH weiter entwickelt. Dabei werden hauptsächlich Problemstellungen, die sich bei den Teilnehmern bezüglich der Unterrichtsgestaltung und Wissensvermittlung zeigen, bearbeitet. Die Fragestellungen und Schritte zur Weiterentwicklung wurden in einem gesonderten Schriftstück genauer formuliert.

Vereinbarung für das Projekt
Kompetenzen für die Zukunft
Arbeitsweltbezogene Jugendhilfe Grafrath

Zwischen der
JugendZeit-Haus gGmbH, Marthashofen 4, 82284 Grafrath

und
............Teilnehmer, Adresse ....
wird folgende Vereinbarung getroffen.

Im Rahmen des Projektes Kompetenzen für die Zukunft – Arbeitsweltbezogene Jugendhilfe Grafrath verpflichtet sich

.... vom .... bis .... an dem Projekt teilzunehmen.

Zu dem Projekt gehören 3 Bereiche:
> Praktikum an 5 Tagen in einer der teilnehmenden Praktikumsstellen
> Teilnahme an den Unterrichtstagen, für den der Teilnehmer vom
  Praktikum befreit wird
> Teilnahme an Exkursionen und Ausflügen

Der Teilnehmer schließt mit der Praktikumsstelle einen Praktikumsvertrag.

Die Teilnahme am Unterricht und an den weiteren Angeboten des Projektes
ist verpflichtend. Im Krankheitsfalle verpflichtet sich der Teilnehmer, noch
vor Unterrichtsbeginn die Projektleitung zu informieren und anschließend
eine Krankheitsbescheinigung abzugeben. Am Ende des Projektes erhält
der Teilnehmer, ein Zeugnis seiner Praktikumsstelle, ein seinen Leistungen
entsprechendes Schulzeugnis über den Unterricht und eine Bescheinigung
über die erfolgreiche, einjährige Teilnahme am Projekt „Kompetenzen für
die Zukunft".

Der Genuss von Drogen jedweder Art sowie Alkohol ist im Umfeld des
Projektes absolut untersagt. Besteht der dringende Verdacht, dass der Teilnehmer unter Drogeneinfluss an der Praktikumsstelle oder zum Unterricht
erscheint, können die Projektverantwortlichen einen Drogentest durchfüh-

ren lassen. Ein positiver Drogentest führt zum sofortigen Ausschluss. Jeder Teilnehmer beteiligt sich in den Monaten Oktober 2012 bis Juli 2013 mit je € 20,- an den Unterrichtskosten. Der Betrag ist innerhalb der 1. Woche des Folgemonats zu bezahlen.

Diese Vereinbarung kann von beiden Seiten mit einer Frist von 14 Tagen gekündigt werden. Der Verlust der Praktikumsstelle durch Eigenverschulden führt zur Beendigung der Teilnahme am Projekt. Die ersten 6 Wochen gelten als Probezeit, innerhalb derer die Vereinbarung von beiden Seiten mit einer Frist von 1 Woche gekündigt werden kann.

Grafrath, den

JugendZeit-Haus gGmbH   Teilnehmer
                            (ggfs. Erziehungsberechtigter)

Rahmenbedingungen für die Praktikumstellenanbieter von Kompetenzen für die Zukunft

Grundsätzliches:
Kompetenzen für die Zukunft ist ein Kompetenzjahr für acht junge Menschen, die nach der Schule, auf Grund von unterschiedlichen Benachteiligungen, den Weg ins Arbeitsleben noch nicht gefunden haben. Träger ist die JugendZeit-Haus gGmbH. Die Finanzierung erfolgt über das Landratsamt und das Jobcenter Fürstenfeldbruck. Das Jahr beginnt Mitte September und endet am 31. August des Folgejahres.

Das Kompetenzjahr hat 3 Säulen:

1. **Praktikum:** Jeder Jugendliche besucht für ein Jahr Montag, Dienstag und Mittwoch für je 6 Stunden eine Praktikumstelle.

2. **Schule:** Donnerstags und freitags haben die Teilnehmer Unterricht und werden auf die Externenprüfung zum Erfolgreichen bzw. Qualifizierenden Hauptschulabschluss vorbereitet.

3. **Pädagogische Betreuung und Berufsfindung:** Die Jugendlichen werden von den Pädagogen intensiv betreut. Bei der Wahl des für sie richtigen Berufes sowie bei dem anschließenden Bewerbungsprozess werden sie eng begleitet.

Das JugendZeit-Haus pflegt eine enge Zusammenarbeit mit den Praktikumstellen. Durch einen regelmäßigen Austausch zwischen den Pädagogen des JugendZeit-Hauses und den Verantwortlichen in der Praktikumstelle können alle eventuell auftretenden Probleme schnell angesprochen und behoben werden. Günstig ist, wenn der Jugendliche im Laufe des Jahres einen Aufgabenbereich erhält, in dem er möglichst große Selbständigkeit und Eigenverantwortung entwickeln kann.

Die Rahmenbedingungen:

> Jeder Jugendliche wählt zusammen mit den Pädagogen seine Praktikumstelle, die er bis Ende August des Folgejahres besuchen wird.

> Das Praktikum dient vor allem dazu, konkrete Erfahrungen in der Arbeitswelt zu machen und im Laufe des Jahres die nötigen Kompetenzen für die Aufnahme einer Ausbildung zu erlangen.

> Zwischen Praktikumstelle und Teilnehmer wird ein Praktikumsvertrag geschlossen.

> Der Vertrag wird über 5 Tage geschlossen, wobei die Praktikumstelle den Praktikanten für den Besuch der Schule sowie an den Prüfungstagen und für Probearbeiten im Rahmen der Bewerbungen freistellt.

> Der Praktikant sollte montags, dienstags und mittwochs für je 6 Stunden in der Praktikumstelle arbeiten. Die genauen Zeiten können je nach dem konkreten Arbeitsablauf der Praktikumstelle variieren.

> Der Jugendliche hat, seinem Alter gemäß, Urlaubstage (ca. 25) wovon ca. 20 Urlaubstage im August (z.B. der August 2012 hat 22 Arbeitstage) genommen werden müssen. Die restlichen Tage können, nach Absprache mit der Praktikumstelle frei gewählt werden.

> Es gibt im Unterricht keine Schulferien. Lediglich zwischen Heiligabend und Heilig Drei König findet kein Unterricht statt.

> Der Praktikant erhält nach Möglichkeit ein Praktikumsentgelt von EUR 140,-

> Für jeden Krankheitstag muss ein ärztliches Attest gebracht werden.

> Versicherungsschutz: Unfallversichert müssen die Teilnehmer über die Berufsgenossenschaft der Praktikumstelle werden. Schäden, die der Praktikant im Praktikum verursacht, werden nicht durch unsere Betriebshaftpflicht abgedeckt.

Anhang: Rahmenbedingungen Arbeitgeber Praktikumstelle

An einer Aufgabe und in einem Team zu arbeiten stärkt Mut und Selbstbewusstsein. Das Jahrespraktikum war eine tragende Säule im Kompetenzjahr: „Renate, bei euch habe ich arbeiten gelernt.“

Kostenstruktur im ersten Projektjahr 2004/2005

Posten des Etats:
- Personalkosten
- Miete Räume
- Sachkosten Verwaltung
- Sachkosten Projekte
- Abschreibungen
- Sonstiger Aufwand

Zuschüsse:
- Eigenanteil des Trägers
- Spende einer befreundeten Einrichtung
- Treuhand Bochum
- Software AG Stiftung
- Aktion Mensch
- Sparkasse FFB
- Sozialamt FFB (Zuschuss)
- Jugendamt FFB (Satz pro Teilnehmer,
  der vom Jugendamt zugewiesen wurde)

Mit dem bescheidenen Anfangsbudget von 52.000 Euro konnten wir das erste Projektjahr, das vom 15.10.2004 bis zum 31.8.2005 ging, gut zu Ende bringen. Im Laufe der nächsten Jahre wurde der Etat angepasst.

Gesa, 1986 in einer kinderreichen Familie geboren, beendete im Jahr 2003 die Förderschule mit einem erfolgreichen Hauptschulabschluss. Über familiäre Beziehungen bekam sie eine Lehrstelle als Köchin in einem großen Betrieb in N., der nicht gerade den besten Ruf hatte. Nach ein paar Monaten hatte sie die Lehre abgebrochen und saß von da an frustriert zuhause. Mit der Zeit verlor sie immer mehr an Selbstwertgefühl. Eine Beraterin der Caritas empfahl ihr, ins JugendZeit-Haus zu Kompetenzen für die Zukunft zu gehen. Für Gesa war das ein Lichtblick, sie hatte schon von ihrem Bruder davon gehört, und sie war bereit zu einem Aufnahmegespräch. Dabei erzählten ihr die verantwortlichen Pädagogen, wie das Jahr abläuft und welche Praktikumsstellen noch frei sind. Nach ein paar Tagen Bedenkzeit entschied sie sich für dieses Jahr und bewarb sich im Altenwohnheim für die Praktikumsstelle als Stationshelferin, die ihr nach einem Schnuppertag zugesagt wurde.

Zu Beginn des Kompetenzjahres verhielt sich Gesa still und zurückhaltend. Prüfend beobachtete sie, was hier eigentlich läuft. Einige Wochen später jedoch erklärte sie, dass sie die Arbeit in der Praktikumsstelle nicht lange machen könne. Diese Arbeit mit den verwirrten alten Menschen ginge ihr zu nahe. Die Betreuer sprachen mit ihr über ihre Aufgaben und versuchten, bei ihr ein Verständnis für die alten Menschen zu wecken. Dann rieten sie ihr, noch ein paar Wochen durch zu halten, weil sie sich noch einarbeiten müsse. Das tat sie dann auch, mit Erfolg. Im Deutsch- und vor allem im Mathematikunterricht kam Gesa schnell an ihre Grenzen und gab schnell auf. Lehrer und Pädagogen bemühten sich sehr, mit ihr diese Hürden zu nehmen und sie gewann dadurch im Lernprozess mehr Vertrauen in sich und in die Lehrkräfte.

Besondere Leistungen erbrachte Gesa in der künstlerischen Arbeit. Hier zeigten sich ihre Stärken wie Ideenreichtum, Kraft und Ausdauer. Im Laufe der Zeit wurde sie immer offener und entwickelte einen unnachahmlichen Humor. Mit diesem Humor öffnete sie die Türen, um über ihre schwierige Familiensituation zu berichten, sie äußerte unverblümt ihre Meinungen und konnte damit auch ihrer Freude und ihrem Unmut Ausdruck verleihen. Als im Januar die Vorbereitungen auf den qualifizierenden Hauptschulabschluss begannen, überkamen Gesa große Versagensängste und sie wollte wieder aufgeben. Mit viel Geduld wiederholten die Pädagogen den Unterrichtsstoff in einer Lerngruppe, an der sie teilnahm. Außerdem bekam sie eine Lernhelferin (ehrenamtliche Mitarbeiterin) und so konnte sie dieses Tief überwinden.

Zur Lernstunde mit der Lernhelferin wurde sie von ihrer pädagogischen Betreuerin von der Praktikumsstelle abgeholt, da die Stelle etwas weiter von der Schule entfernt lag. Diese besondere Zuwendung und die vertraulichen Gespräche während der Fahrt, sie hatte ein großes Mitteilungsbedürfnis, taten ihr sehr gut und vertieften das gegenseitige Vertrauen. Bei einer dieser Fahrten berichtete sie stolz von einem neuen Zivi in der Arbeit, der ziemlich unbeholfen sei, und dass sie ihm alles zeigen und erklären müsse und überhaupt sei diese Arbeit doch ein Kinderspiel.

Inzwischen wurde intensiv das Thema berufliche Zukunft besprochen. Gesa konnte sich vorstellen, Schreinerin zu werden. Sie sollte ein Praktikum in einer Schreinerei absolvieren, zuvor fuhr ihre Betreuerin mit ihr zur Berufsschule, um diese anzusehen und nähere Informationen über die Ausbildung zu bekommen. Dieser Prozess verlangsamte sich dann jedoch und es erfolgte eine Umorientierung.

Gesa wusste nun ganz sicher, dass sie doch Köchin werden wollte, aber nicht in einer Chaotenküche sondern geordnet und organisiert und deshalb wollte sie zur Bundeswehr gehen. Sie besuchte einen Girls Day in der nahe gelegenen Bundeswehrkaserne und dieses Erlebnis bestärkte sie, hier ihre berufliche Laufbahn anzutreten. Doch auch dieser Prozess kam ins Stocken, Zweifel kamen auf, plötzlich war der Ausbildungsort zu weit weg. Etwas Unvorhergesehenes war geschehen. Gesa hatte einen Freund. Dieser neuen Entwicklung musste nun Raum gegeben werden. Zu Beginn des Kompetenzjahres war Gesa sehr gegen Männer eingestellt, diese seien alle blöd und 'Ossis' seien noch blöder -Vorurteile, die im Gespräch immer wieder mit ihr bewegt wurden. Eines Tages sagte sie: 'Ossis sind vielleicht doch gar nicht so blöd'. Kurz darauf hatte sie ihren Freund, einen 'Ossi'. Sie platzte fast vor Freude, sie entwickelte eine unglaubliche Energie und eine immer positivere Grundeinstellung. Beruflich war für sie nun alles klar, sie wollte Köchin werden und eine Lehrstelle würde sich bestimmt finden lassen. Schon bald hatte sie verschiedene Lehrstellen ausfindig gemacht und Bewerbungen geschrieben.

Inzwischen waren auch die Prüfungstermine näher gerückt. Die Schüler lernten so viel sie konnten und bereiteten sich auf die Prüfungssituation durch ständiges Fragen nach dem Was, Wie, Wenn und durch imaginatives Durchspielen der Prüfungen vor. Es entwickelte sich ein starkes Gemeinschaftsgefühl, das jedem Einzelnen mehr Sicherheit und Durchhaltekraft verlieh. Während der Prüfungszeit wurden die Teilnehmer besonders intensiv von den Lernhelfern und Pädagogen begleitet. Gesa war zu dieser Zeit sehr angespannt. Sie hatte aber für sich eine Möglichkeit gefunden, mit diesem Druck umzugehen. Sie war davon überzeugt, dass die Erreichung des qualifizierenden Hauptschulabschlusses nicht das Wichtigste sei, sondern das, was sie in diesem Jahr in der Schule und in der Praktikumsstelle wirklich gelernt hatte. Und dazu gehörte auch, dass sie etwas schaffen und durchziehen kann. Eine Einstellung, die ihr später dabei half, die Enttäuschung über die nicht bestandenen Prüfungen schnell zu verarbeiten.

Nach den Prüfungen fuhren alle Teilnehmer und Pädagogen gemeinsam nach Italien. Gesa war noch nie alleine so weit weg von zuhause und sie hatte noch nie das Meer gesehen. Diese Woche verbrachte Gesa zwischen Heimweh und Freude. Aber auch Schmerz über den bevorstehenden Abschied von den anderen Teilnehmern, den Pädagogen und Arbeitskollegen mischte sich hier schon mit ein. Auch in den noch verbleibenden zwei Wochen war Gesa immer wieder mit dem Abschiednehmen beschäftigt: „Das war schon gut das Jahr. Schade, dass es vorbei ist - ist aber auch gut so."

Inzwischen hatte sie eine Lehrstelle als Köchin bekommen und bereitete sich auf ihr neues Leben vor, das für sie nach einer großen Abschlussfeier mit Schülern, Lehrern, Lernhelfern, Arbeitskollegen, Pädagogen und Familie begann.

Bis heute pflegen die Pädagogen den Kontakt zu ihr. Die Lehrstelle ist in Ordnung, berichtet Gesa, die Lehre macht ihr Spaß und in der Berufsschule hat sie keine Probleme. Sie hält sich hauptsächlich bei ihrem Freund und dessen Mutter auf, zuhause wohnt sie eigentlich gar nicht mehr. Gesa hat sich stabilisiert und lebt in einem geordneten Umfeld, das sie sich selbst erobert hat.

FSC
www.fsc.org

MIX

Papier | Fördert
gute Waldnutzung

FSC® C083411

Zeitfracht Medien GmbH
Ferdinand-Jühlke-Straße 7
99095 Erfurt, Deutschland
produktsicherheit@kolibri360.de